Levi Herzfeld

Metrologische Voruntersuchungen

zu einer Geschichte des ibräischen resp. altjüdischen Handels

Levi Herzfeld

Metrologische Voruntersuchungen
zu einer Geschichte des ibräischen resp. altjüdischen Handels

ISBN/EAN: 9783743423084

Hergestellt in Europa, USA, Kanada, Australien, Japan

Cover: Foto ©ninafisch / pixelio.de

Manufactured and distributed by brebook publishing software
(www.brebook.com)

Levi Herzfeld

Metrologische Voruntersuchungen

Metrologische Voruntersuchungen

zu einer

Geschichte

des

ibräischen resp. altjüdischen

Handels.

Von

Dr. L. Herzfeld,

Braunschweigischem Landesrabbiner.

Leipzig,

Verlag von Carl Wilfferodt.

1863.

Inhalt.

Vorwort.

~~~~~

Man ist gewohnt, höchstens auf dem religiösen Gebiete weltge=
schichtliche Einwirkungen der Juden anzuerkennen, dagegen von jedem
durchgreifenden Einflusse derselben auf die Entwickelung anderer
menschheitlicher Potenzen zu schweigen, selbst wo Thatsachen von
solcher Evidenz vorliegen, wie daß fast die ganze neuere Philosophie
in Spinoza wurzelt, oder daß zu der Entfaltung des Handels, auf
welchem in so ausgedehntem Maße die Völkerwohlfahrt beruhet,
kein Stamm der Erde nachhaltiger als der jüdische beigetragen hat.
Die Zeit ist noch nicht einmal ganz geschwunden, wenn auch
im Abzuge, daß der Handelsgeist der Juden unter den ihnen ge=
machten Vorwürfen figurirt; und freilich, wie dürften andere Ur=
theile von Bevölkerungen erwartet werden, welche fast durchgehends
noch nicht einmal eine richtige Vorstellung von der staatsökonomi=
schen Bedeutung des Handels, von dessen civilisatorischem Einflusse
aber kaum eine Ahnung haben. Es ist natürlich, daß hiervon das
wetteifernde brittische Handelsvolk ganz anders denkt; und gegen=
über der Simplicität, mit welcher in so vielen deutschen Ständever=
sammlungen gegen die volle Gleichstellung der Juden ihre große
Neigung und Geschicklichkeit zum Handel eingewandt worden sind,
hat es vor einigen Jahren, als diese Gleichstellung im englischen
Parlament discutirt wurde, mir wahrhaft wieder einiges Vertrauen
auf den endlichen Durchbruch gesunder Ansichten eingeflößt, als dort
nicht wider, sondern grade für die Juden ihr großes Handels=
genie geltend gemacht wurde. Die Juden sind nicht von Hause

aus ein Handelsvolk; geschichtliche Einflüsse, die sich großentheils
noch nachweisen lassen, haben ihnen diese Erwerbsthätigkeit aufge=
zwungen. Aber, sei nun die Anlage dazu eine gleichwohl diesem
Stamme angeborene, die nur der Erweckung harrete, oder liege es
in dem jüdischen Wesen, jederlei Richtung, welche das Geschick ihm
aufnöthige, mit Talent zu verfolgen: das ist unbestreitbar, daß,
wenn einmal eine gute Geschichte des Handels geschrieben werden
wird, den Juden ein Hauptabschnitt darin nicht versagt werden
kann; desgleichen wenn erst einmal in einer Geschichte der Mensch=
heit die Beschreibungen blutiger Schlachten etwas abgekürzt werden,
um für eine gebührende Würdigung auch der friedlichen Bestrebungen
der Völker einigen Raum zu gewinnen, alsdann, so nur Unpartei=
lichkeit die Feder führt, der vielgeschmähete jüdische Handelsgeist seine
Ehrenrettung und seinen Ehrenplatz finden wird.

Man wird fühlen, wie nöthig aber hiefür und wie wünschens=
werth überhaupt es sei, daß einmal eine Geschichte des jüdischen
Handels geschrieben werde; und ich habe deshalb unternommen,
wenigstens einen Theil derselben, nämlich den von der ältesten bis
in die talmudische Zeit hinein, selber zu bearbeiten: doch weiß ich
sehr wohl, daß eine Darstellung des ibräischen Handels (während
der ersten Hälfte des eben erwähnten Zeitraumes), so interessant sie
sein kann, und so unerläßlich sie zur Vollständigkeit des Ganzen ist,
doch in vielem Betracht nur eine Einleitung bilden kann. Für eine
Weiterführung dieses Themas durch so endlos viele Jahrhunderte
bis zur Gegenwart herab und für die nothwendige Ausdehnung
desselben über alle die zahllosen Länder der jüdischen Diaspora —
sind die Materialien aus so unglaublich vielen Quellenschriften zu=
sammenzutragen, daß ich diesen reicheren Theil jüngeren, rüstigeren
Kräften überlassen muß, zugleich aber auch auf das Wärmste zur
Bearbeitung empfehle. Nur möchte ich nicht den Impuls zu einer
Fabrikarbeit gegeben haben, und auch nicht darin blendenden Ein=
fällen gefolgt sehen, wie z. B. Kießelbach in seinem Buche
„Der Gang des Welthandels" ohne Nachweis und kaum achtels=
wahr aufstellt, daß die Juden hierin die Erben der Thyrier waren.

Um ganz auszusprechen, was ich für das Erſprießlichſte zur befrie=
digenden Löſung einer ſolchen Aufgabe halte, erkläre ich eine fernere
Theilung dieſer Arbeit für durchaus geboten. Ein Hiſtoriker von
Fach trage für den zweiten Theil, welcher die Geſchichte des jüdi=
ſchen Handels bis etwa zu Ende des vorigen Jahrhunderts fort=
führe, alles Material ſorgfältig zuſammen, und laſſe ſeine Ver=
arbeitung deſſelben von einem wiſſenſchaftlich gebildeten Kaufmanne
gründlich durchgehen, um Beanſtandetes noch vor der Veröffentlichung
überarbeiten zu können; er ſelbſt wird tüchtige rabbiniſche Kenntniſſe
beſitzen müſſen, da in der talmudiſchen wie nachtalmudiſchen Litera=
tur, beſonders aber in den Reſponſenſammlungen, ſehr ergiebige
Quellen hiefür fließen. Und zur Herſtellung des letzten Theiles,
betreffend den jüdiſchen Handel in unſerem Jahrhundert, wird, weil
in ihm natürlich der Handel mit Werthpapieren mitdargeſtellt wer=
den und ſelbſt von verwickelten Geldoperationen die Rede ſein muß,
ein Anderer als ein Geſchäftserfahrener ſelbſt ſchwerlich befähigt
ſein; es fehlt uns Juden nicht an Solchen, welche wohl im Stande
hierzu wären: die Frage iſt nur, ob unter Dieſen Einer ſympathiſch
genug ſein wird, für ein derartiges Nationaldenkmal ſeine Muße
zu opfern.

Indeſſen lege ich nicht den angedeuteten erſten Theil einer
ſolchen Geſchichte jetzt vor, ich bin erſt mit den auch ſchon umfang=
reichen Vorſtudien dazu beſchäftigt. Hierbei aber ergab ſich mir
das Bedürfniß feſterer metrologiſcher Grundlagen, als die bisherigen
ſind; und indem ich neben der Hauptarbeit auch dieſe verfolgte,
gewann ich den Stoff zu einigen ſelbſtſtändigen Abhandelungen über
das Geld, das Gewicht, die Hohl= und Längenmaße der Jbräer
resp. der alten Juden; denn die angeſtellten Unterſuchungen führ=
ten begreiflicherweiſe gewöhnlich über die Grenze des bloß für ein
ſolches Werk Nöthigen hinaus, und nachdem einmal die Arena zu
drei Vierteln durchſchritten war, habe ich der Verſuchung nicht wider=
ſtehen mögen, den Gang zu vollenden und dieſe ohnehin von jüdi=
ſcher Seite erſt äußerſt wenig angebaute Disciplin gleich vollſtändig
abzuhandeln. Für diesmal bringe ich die beiden Abhandelungen über

1 *

das Geld und das Gewicht, später so Gott will die zwei übrigen. Mit Dank will ich übrigens die Werke namhaft machen, welche bei dieser Arbeit am besten mir gedient haben; ihre Nennung hier wird zugleich den Vortheil mir verschaffen, sie um so kürzer citiren zu können. Es sind: Glossarium ad scriptores mediae et infimae latinitatis auctore Du Cange, Basileae 1762, und dessen angehängte de imperatorum Constantinopolitanorum etc. numismatibus dissertatio: beide veraltet zwar hinsichtlich der Resultate, aber sehr reich an Material; Metrologische Tafeln nach Romé de l'Isle, von Große, Braunschweig 1792; Metrologische Untersuchungen über Gewichte, Münzfuße und Maße des Alterthums, von Böckh, Berlin 1838; Münzkunde von Zunz, S. 535—564 von dessen „Zur Geschichte und Literatur", Berlin 1845; Biblische Numismatik von Cavedoni, übersetzt und mit Zusätzen von Werlhof, Hannover 1855 und 1856; Geschichte des römischen Münzwesens von Mommsen, Berlin 1860; Geschichte der jüdischen Münzen von Levy, Leipzig 1862; Ueber talmudische Gewichte und Münzen, von Zuckermann, Breslau 1862; Griechische und römische Metrologie, von Hultsch, Berlin 1862. Da von dem kleinen Umfange der Zunzischen Arbeit wieder der allergrößte Theil die Münzen einer späteren Zeit behandelt, so giebt eigentlich das Werkchen von Zuckermann allein eine direkte frühere Bearbeitung meines Thema's, und es wird daher verziehen werden dürfen, daß ich auf Dessen Ausführungen und Resultate so häufig eingegangen bin, gar nicht selten zustimmend, öfter aber freilich widerlegend; seine Zusage, auch über die talmudischen Maße zu schreiben, möge er ja bald erfüllen.

Braunschweig, den 26. November 1862.

I.

Von dem Gelde der Ibräer resp. Juden von der ältesten Zeit bis zum Schluſſe des Talmuds.

Erſtes Kapitel.
Das Geld der Ibräer bis zum babylonischen Exil.

§. 1.

Das ganze iſraelitiſche Alterthum bis zum Exil herab kannte noch kein geprägtes Geld. Bei größeren Zahlungen wog man damals Gold oder Silber in erforderlicher Quantität dem Empfänger zu, und noch Jirmeja bediente 32, 10 sich der Wage beim Bezahlen. Der Ausdruck wajimnu et-hakesef 2 Kön. 12, 11 kann „Geld zählen" im späteren Sinne schon darum nicht bedeuten*), weil unmittelbar vorher ſtehet wajazuru (und man band ein), und das Einſacken des Geldes doch nicht dem Zählen deſſelben vorangehen kann; sondern wajimnu gehet wohl auf ein Zählen der Beutel, in deren jeden man das gleiche Gewicht Silbers gethan. Doch fand ein Zuwägen vermuthlich eben nur bei großen Beträgen Statt: die kleinen Zahlungen beim täglichen Kauf sind nicht gut anders denkbar, als daß dafür Stücke von beſtimmtem Gewicht in Umlauf waren; denn von einem Barren das erforderliche Stück jedesmal

---

*) Der gleich darauf folgende Ausdruck „man gab hakesef hametuccan" beweiſt nichts, da ticken ebenſogut zählen wie wägen bedeuten könnte.

abzuschneiden, wäre gar zu mühselig gewesen, und überdies der kleine Mann besaß keine Barren, auch wäre sonst wohl in irgend einer Schriftstelle einmal von diesem Abschneiden die Rede gewesen, was aber nicht der Fall ist; endlich hatte nach 1. Sam. 9, S schon Saul's Diener einen „Viertelschekel Silbers" bei sich. Auf solchen Stücken muß eine Bezeichnung ihres Gewichtes eingegraben gewesen sein, von einer Behörde wohl noch nicht, sondern von Gold= und Silberschmieden*): von solchen bezeichneten Stücken möchte der Ausdruck „400 Schekel Silbers, gangbar beim Kaufmann" (1. Mos. 23, 16) zu verstehen sein; und daß gleichwohl dort sowie sonst vom Zuwägen derselben die Rede ist, wird aus der Annahme sehr erklärlich, daß dieses Nachwägen zur Prüfung geschah, da ja die in Umlauf gesetzten Stücke hätten von Anfang an zu leicht gemacht oder später beschnitten sein können.

Die Angabe B. kamma 97, b, die Münze von Jeruschalajim hätte Dawid und Schlomo von der einen und Jeruschalajim die heilige Stadt von der anderen Seite gezeigt, dagegen die unseres Vaters Abra= ham einen Greis und eine Greisin von der einen Seite, von der an= deren einen Jüngling und eine Jungfrau — ist natürlich unbegründet, könnte aber immerhin darauf beruhen, daß man einmal in jener späten Zeit aus frommer Spielerei solche zwei Schaumünzen geprägt hätte. Dagegen die Angabe Bereschit-rabba K. 39: von Vieren sei „eine Münze ausgegangen", von Abraham die angegebene, von Jehoschua eine mit einem Stier auf der einen und einem Büffel auf der anderen Seite; von Dawid eine, welche auf der einen Seite Stab und Tasche eines Hirten, auf der anderen einen Thurm, und von Mordechaj eine, welche hier Sack und Asche, auf der Rückseite eine goldene Krone gezeigt habe; desgleichen die abweichende Angabe Midrasch Ester 129, d, daß auf der einen Seite von Mordechaj's Münze er selbst, auf der anderen Ester abgebildet war — berechtigt nicht einmal zu der Vermuthung, daß jemals solche Schaumünzen geprägt worden seien. Sondern wir

---

*) Im Mittelalter gingen aus den Goldschmieden die Münzmeister hervor. Auch das Zusammenwirken der Goldschmiede und Krämer Nech. 3, 32 scheint mir auf eine solche nähere Beziehung derselben zu einander hinzuweisen.

scheinen aus unvollständiger Kenntniß jener ersten Angabe und aus zu
buchstäblicher Auffassung des bildlichen Ausdruckes „Jemandes moneta
sei in die Welt ausgegangen" (d. h. sein Ruf habe sich weit verbreitet)
diese späteren frei gedichtet worden zu sein; und vollends der Synhedric
jer. 2, 3 der Abigail in den Mund gelegte Ausdruck, daß Schaul's
moneta noch bestehe, sollte gewiß nicht einmal mehr sein als ein bloßes
Bild. Ungeschichtlich ist natürlich auch Rab's Ausspruch Schabbat 33, b,
daß der Patriarch Jakob in Sichem geprägtes Geld eingeführt habe.
Ferner:

Die g e r a , von welcher nach vielen pentateuchischen Stellen
und noch nach Jech. 45, 12 auf den Schekel 20 gingen, wurde
zwar durchweg von den LXX durch Obol, von Onkelos resp.
Jonatan durch maa übersetzt, also von Diesen wohl für eine ge-
prägte Münze gehalten, aber mit Unrecht, wie wir § 4 sehen werden. — Die 1. Mos. 33, 19 und Jjob 42, 11 erwähnte k e s i t a
ist hinlänglich gut aus dem Arabischen erklärt, wonach das Wort
„etwas Gewogenes" bedeutete und insofern ein Synonymum von
schekel war, ohne jedoch deshalb von gleichem Gewicht mit diesem gewesen sein zu müssen, wie denn bekanntlich Rosch-hasch.
26, a erzählt ist, R. Akiba habe die Maa in Afrika kesita nennen hören. — A g o r a in agorat kesef 1. Sam. 2, 36 erklärten ebenfalls die LXX durch Obol, Jonatan für eine Maa,
wie gera, Kimchi und Fürst gewaltsam für eine Nebenform von
gera, Gesenius (als von agar, sammeln) durch „Bettelmünze";
besser leitet man mit einem Anonymus bei Kimchi das Wort vom
aramäischen agar (Lohn) ab, wonach laagorat kesef passend
„für den Lohn eines Silberlings" bedeutete. Endlich über den
1. Chron. 29, 7 erwähnten a d a r k o n werde ich gegen Ende
von § 3 reden.

§. 2.

Dem Schekel, wie gesagt, giebt die Bibel 20 gera: aber da
über die Bedeutung des letzteren Wortes gestritten wird, so wollen
wir vorläufig nachsehen, welchen Werth die späteren Alten dem
Schekel zuerkannt haben.

1. Die LXX zu 1. Mof. 23, 15. 16. 2. Mof. 21, 32. 30, 15. Nech. 5, 15 gaben Schekel durch Dibrachme und entsprechend zu 1. Mof. 24, 22. 2. Mof. 38, 25 den halben Schekel durch Drachme. Natürlich meinten sie ihre alexandrinische Drachme; hätte diese aber nur 6 Obolen wie die attische und jede andere enthalten, so stimmte ihre Gleichstellung mit einem halben Schekel nicht dazu, daß zu 2. Mof. 30, 13. 3. Mof. 27, 25. 4. Mof. 3, 47. 18, 16 die LXX, also auch derselbe Ueberseßer des Exodus, die 20 gera des Schekel nach judäischem Vorgange für 20 Obolen erklärten; wir werden aber § 9 sehen, daß die gemeinte alexandrinische Drachme wirklich ein 10 Obolenstück von etwas über 131 Gran war, und der Schekel hätte hiernach an 263 Gran gewogen.

2. In Judäa zuerst muß man seit Alexander dem Großen den Schekel für 20 attische Obolen gehalten haben, vermuthlich indem der Obol jetzt als die kleinste Silbermünze erschien; woher es kommt, daß noch Jonatan und Onkelos die gera durch maa erklären (d. i. Obol, denn dem Dinar gab man 6 maot wie der ihm gleicherachteten Drachme 6 Obolen). 20 attische Obolen waren 3⅓ attische Drachmen, 274 Gran schwer: aber als „halben Schekel" hiernach 1⅔ attische Drachmen zu entrichten, mußte unbequem sein, da Obolen wohl nicht häufig genug cursirten; vielleicht auch mochte man wünschen, im engeren Anschluß an das Bibelwort zum halben Schekel ein Geldstück zu haben, das ein Halbes bildete. Man zahlte daher später lieber dafür eine tyrische Didrachme, welche vollständig entsprach, denn die vollwichtige tyrische Tetrabrachme wog ebenfalls 274 Gran; und hierdurch kam es, daß Bechorot 8, 6 dem heiligen Schekel die tyrische Währung zugeschrieben ist, wofür Sifra zu 3. Mof. 5, 15 deutlicher sagt, unter dem heiligen Sela sei der tyrische zu verstehen. Daß aber Josephus ant. 3, 8, 2 ihn 4 attischen Drachmen gleichstellt*), rührt — wie daß er

---

*) Auch ant. 18, 9, 1 giebt er dem halben Schekel 2 Drachmen, aber nicht ausdrücklich attische.

de bell. Jud. 2, 21, 2 auch die tyrifche Tetradrachme 4 atti=
fchen Drachmen gleichstellt — bloß daher, daß zu feiner Zeit und
fchon feit Auguſtus die attifche Drachme einem Denar gleich oder
vielmehr eigentlich der Denar felbſt war. Wie es zu faſſen fei,
daß Philo II. 276 den pentateuchiſchen Schekel ebenfalls zu 4
Drachmen berechnet, dagegen I. 535 den halben Schekel von
1. Mof. 24, 22 bloß zu einer Drachme wie die LXX anfchlägt,
werden wir in § 9 fehen. — Zu erwähnen iſt hier noch, daß
Onkelos immer, Jonatan faſt immer schekel durch sela überfetzt,
und auch Arachin 2, 1 jener durch sela wiedergegeben iſt.
Vielleicht iſt diefes Wort fo zu erklären: die Gewichtſtücke waren
früher von Stein, vgl. 5. Mof. 25, 13. 2. Sam. 14, 26, und
das Geld wurde zugewogen; hiervon mochte man mit halb witziger
Metapher das kleinſte filberne Geldſtück maa (nach Jef. 48, 19
Steinchen), fowie das größte sela (Felfen) nennen.

Nun find aber zu der erwähnten Mifchnabeſtimmung, daß der
heilige Schekel in tyrifcher Währung zu entrichten fei, Bechorot 49 b
u. w. noch mehrere andere Werthangaben hinzugefügt, zunächſt
3. die gar zu kurze „R. Ammi fagt: ein arabifcher Denar.“
Rafchi faßt fie dahin auf, ein tyrifcher Sela fei gleich einem ara=
bifchen Denar, von welchen nach den Geonim 10 gleich 7 ge=
wöhnlichen Denaren waren: aber diefe Auffaffung iſt fchon in den
dortigen Tosafot genügend widerlegt, und dafür die anfprechendere
gegeben, daß die 5 Selaim zur Auslöfung des Erſtgeborenen einen
arabifchen Gold.denar betrugen (wirklich verſtanden die Araber unter
Dinar gewöhnlich den Goldbenar). Diefer entfprach 25 Silber=
benaren, worüber unten Näheres; und waren wirklich 10 arabifche
Denare gleich 7 gewöhnlichen, wie es nicht bloß nach ib. 50, a
fcheint, wo 20 „Mithkal von Denargewicht“ $28 \, ^7/_{12}$ Sus gleich=
geſtellt find (beide Gleichungen zeigen nur eine Differenz von $^1/_{84}$
Denar), fondern auch danach, daß in Freytag's Lexicon der Mithkal
zu $1 \, ^3/_7$ Dirhem berechnet iſt: fo betrugen nach R. Ammi 5 Selaim
$17 \, ^1/_2$ Denare, alfo der Sela oder „mofaifche Schekel“ $3 \, ^1/_2$ Denare.

4. Dort fagt dann R. Chanina, man nehme zu jenen 5

Selaim eine gewiſſe Art von Stateren, deren 8 für einen (Gold=) Denar zu haben ſeien: der Schekel wäre hiernach gar nur $3\frac{1}{8}$ Denare geweſen.

5. Nach R. Jochanan ebendaſelbſt habe man den (Gold=) Denar des Habrian Trajan*) für 25 Sus (Denar) erhalten, und

---

*) Gräß in ſeiner Geſchichte 4, 514 hat gut erkannt, daß hier Trajan bloß der Adoptivname des Hadrian iſt, wie denn Hadrian auf ſeinen Münzen gewöhnlich beide Namen hat. Allein ſeiner Annahme, daß in dem dahinterſtehenden schaifa oder weiter unten schaiafa Σεβαστός ſtecke, wird ſchwerlich Jemand beipflichten. Dafür erklärt Levy S. 129 dieſes Beiwort durch wohlpolirt, glatt, glän= zend, umgeprägt, Trajan nämlich habe die im römiſchen Reiche curſirenden Silbermünzen umprägen laſſen, und vermuthlich auch ſolche, die mit dem Gepräge „Jeruſchalem“ verſehen waren, daher dort geſagt ſei, die Juden hätten wegen dieſes (neuen) Gepräges ſie verpönen wollen. Aber wie künſtlich gelangt Levy dazu, dem schaifa die Be= deutung umgeprägt zu vindiciren! und dieſe Umprägung erfolgte ja durch Trajan, nicht durch Hadrian! Zwei andere ſeltſame Erklärungen dieſes Wortes mag man bei Zuckermann S. 20 nachleſen, eine eigene und eine der Geonim. Ich verſuchte daher, mir das Wort aus B. kámma 98, a zu erklären, wo daſſelbe Verbum mit matbea verbunden bedeutet: einer Münze das Gepräge rauben, durch Hämmern darauf oder durch eine Feile; ſchon R. Tam erklärt es ähnlich. Doch warum hätte man grade bloß die „abgeriebenen“ Hadriansmünzen verpönen wollen? Ich ziehe es daher vor, schaifa (oder schifa, wie dafür Ab.-sara 52, b ſtehet) für dieſelbe Verwünſchung zu nehmen, welche in schechik tamja und schechik azamot grade dem Hadrian Bereschit rabba K. 78. Wajikra-rabba K. 18 und 25 ſowie Echa-rabbati 76, b zuertheilt iſt; schechik ohne tamja oder azamot kommt auch im Midrasch Ester 119, d vor, und schof wie schaf in der Bedeutung zermalmen zeigt das Targum zu 2. Moſ. 32, 20. Pſ. 69, 24. 94, 5, ja zu Jjob 14, 19 ſtehet grade dieſes Verbum für das ibräiſche schachak. Das Motiv für die beabſichtigte Verpönung grade der Hadrians=Denare, natürlich nur der in und um Paläſtina curſirenden, finde ich darin, daß dieſe gewiß zum Theil von damals den Juden geraubtem heiligen Gelde ge= prägt waren; daß mipné tibah schel Jeruschalajim weiter nichts be= ſagt, namentlich nicht eine Urgirung des „Jeruſchalemer Gepräges“ er= laubt, zeigt ſowohl das dort Nächſtfolgende wie das parallele mipné caspah usehabah schel Jer. vorher.

⁶/₆ von diesen seien 5 Selaim : also der Sela 4¹/₆ Sus. Was dort
zur Modificirung dieser Aussage nachfolgt, darin scheint mir ganz
verkannt zu sein, daß R. Jochanan eine eigene Meinung ausspre-
chen wollte; vielleicht diese, daß die nun einmal in der mosaischen
Währung erblickte tyrische n i c h t g a n z mit der derzeitigen römischen
zusammenfalle, 5 tyrische Selaim seien nicht 20 römische Denare,
sondern 20⁵/₆, was wirklich richtiger wenigstens ist.

6. Hierauf sagt dort Raba, der biblische Sela (Schekel) sei
3¹/₃ Denar, denn er habe 20 Gera enthalten, wofür das Targum
20 Main setze, deren 6 auf den Denar gingen; und auf den Einwand, daß eine Boraita dem heiligen Sela 48 Pondion (also 4
Denare, da der Denar 6 Maot, die Maa 2 Pondion enthielt) zu-
erkenne, erwiedert er, diese Boraita habe schon eine spätere Vergrößerung des Sela berücksichtigt. Hierauf hin giebt Maimuni
h. Schekalim 1, 2 dem mosaischen Schekel 320 Gerstenkörner,
dem „später vergrößerten" 384 zum Gewicht; und diese spätere
Vergrößerung ist zwar nicht mit Bechorot 5, b aus Jech. 45, 12
zu belegen, wie wir in § 5 sehen werden, allein Manchem könnte
sie sich durch die Parallele empfehlen wollen, daß bekanntlich die
Gemäße gar zweimal grade ebenso, von 5 auf 6, vergrößert worden sein sollen. Doch giebt ja jene Boraita nicht dem s p ä t e r e n
Sela, sondern „dem heiligen" 24 Pondion (4 Denare)! dann sahen
wir schon sub 2, daß die 20 Main ursprünglich auf a t t i s c h e
Obolen sich bezogen, wonach seit Alexander der Schekel zu 3¹/₃ a t -
t i s c h e n Drachmen berechnet wurde, dagegen die Gleichstellung des
Schekel mit 4 Denaren aus der Reducirung der 3¹/₃ attischen
Drachmen auf 4 tyrische entsprang; und jene Boraita, welche
dem heiligen Sela 48 Pondion zuschrieb, lehrt uns nur unzwei-
deutig, daß man ihn später, statt zu 4 t y r i s c h e n Drachmen,
zu 4 r ö m i s c h e n Denaren berechnete, die ein Wenig leichter als
die tyrische Drachme waren. Des Hieronymus' Angabe zu Jech. 4,
10, der heilige Schekel habe eine halbe römische Unze gewogen,
vindicirt ihm gleichfalls 4 römische Denare von jenen leichten, deren 96 aus
dem römischen Pfunde von 12 Unzen geprägt wurden; desgleichen

Schekalim jer. 2, 3, wo der halbe Schekel zu 6 Gramma be=
rechnet ist: denn dann hat der ganze 12 gewogen, und 24 Gramma
waren in der römischen Unze.*) Endlich
7. sagt dort R. Chanina noch einmal, unter kesef ohne
weitere Bezeichnung sei stets in der Tora ein Sela, in den Propheten
eine Litra, in den Hagiographen ein Kentar zu verstehen; in der
Tora mache hiervon nur das Geld am Efron (1. Mof. 23, 16)
eine Ausnahme, da wegen des Zusatzes „gangbar beim Kaufmann"
dort ebenfalls Kentarin gemeint sein müßten, indem es Orte gebe,
wo man den Kentar Schekel nenne. Daßelbe stehet Kidduschin
jer. 1, 3, nur ist daselbst deutlicher nicht dem kesef, sondern
dem schekel in der Bibel dieser dreifache Werth zugeschrieben,
und für die Ausnahme bei Efron paßender die Erklärung Abrahams
B. 9, daß er das Feld „mit vollwichtigem Gelde" bezahlen wolle,
angeführt; auch stehet B. mezia 87, a richtiger umgekehrt, daß
man an manchen Orten den Schekel Kentar nenne. Ich bemerke
hierzu zunächst, daß diese spätere Behauptung des R. Chanina über
den mojaischen Schekel nicht braucht mit seiner obigen sub 4
im Widerspruche zu stehen, da er ja unter Sela den besagten Etater
verstanden haben kann. Und daß der Schekel in den Propheten
Litra, in den Hagiographen Kentar bedeute, sind natürlich ganz
grundlose Annahmen: doch darf uns dies nicht abhalten, ihren Sinn
zu erforschen, auch aus Irrthümern läßt sich wissenschaftliche Aus=
beute gewinnen. Ich werde später über das Gewicht der Litra
und des Kentar Untersuchungen liefern, doch schon die herkömmliche
Gleichstellung derselben mit Mine und Talent reicht für eine Be=
sprechung dieser Chaninäischen Worte aus. Nämlich ich finde nun

---

*) Die gewöhnliche Angabe des Gramma zu 2 Obolen, wonach
12 Gramma 24 Obolen oder 4 Drachmen waren, beruhet auf der er=
wähnten Gleichstellung der späteren Drachme mit dem Denar. Daß
Michaelis im syrischen Lexicon s. v. das Gramma für ¼ Sus ausge=
geben, ist nur dann richtig, wenn hier unter Sus der ägyptische Dirhem
verstanden, und dieser mit Maimuni h. Biccurim 6, 15 zu ⅔ Denar an=
genommen wird.

zwar, daß Jonatan zu Zirm. 32, 9 für schekalim Minen und
ebenso zu Zef. 7, 23 für elef kesef 1000 Minen setzt, desgleichen daß die „Tausende Goldes und Silbers" Pf. 119, 72 von
dem Targum in tausend Kickar verwandelt sind: aber meistens doch
hat Jonatan für schekel und kesef vielmehr sela, und ohnehin
kann R. Chanina hier bei Litra und Kentar nicht an Minen und
Talente gedacht haben, da er ja hinzugefügt, an manchen Orten
heiße der Schekel Kentar. Zunz hat daher (Zur Geschichte
S. 538) die Stelle so erklärt: 1) weil die vollwichtige (attische)
Drachme von $82\frac{1}{5}$ Gran später leichter und bis zu $64{,}_{22}$ Gran
herab ausgeprägt worden, habe man das volle Tetrabrachmon, weil
es ungefähr 5 leichte Drachmen enthielt, vielleicht quintarius
genannt; 2) das sicilische Dekalitron von $228\frac{1}{3}$ Gran sei wohl
kurzweg Litron genannt worden. Mit Recht wenigstens hat er zur
Erklärung von R. Chanina's Litra nicht die gleichnamige griechische
Silbermünze von nur 1 äginäischen Obol (Pollux 4, 24) heran-
gezogen; aber zugeben wird man, daß Zunzens Doppelerklärung
noch nicht jede andere überflüssig macht, und von den zahlreichen
Einwänden, welche gegen sie erhoben werden können, will ich nur
zwei hinstellen. Erstens betrug nach Pollux a. a. O. jenes Dekalitron 10 äginäische Obolen, die nach Mommsen und Hultsch nur
an 192 Gran wogen, was nicht gut hierher paßt. Zweitens gab es
drei biblische Hauptgewichte, Schekel, Mine und Kickar; desgleichen
drei talmudische, die mit ihnen identificirt wurden, Sela, Litra und
Kentar; endlich nach R. Chanina dreierlei Schekel dieser selben Benennung: und letzter gewiß sehr auffällige Umstand sollte keinen
inneren Grund haben, sondern das sicilische Dekalitron, oder
vielmehr dessen höchst unwahrscheinliche Verkürzung in Litron, und
der rein erdichtete Quintar hätten dieses Spiel des Zufalls herbei-
geführt?! Eher könnte sein, daß weil Drachmen und Tetrabrachmen so verschiedenen Gewichtes curfirten, man zur Unterscheidung
halb scherzend den mittleren Sela eine Litra und den großen einen
Kentar genannt hätte, grade wie von den drei Hauptgewichten die
Litra das mittlere und der Kentar das größte war. Aehnlich wer-

den wir weiter unten sehen, daß schon der Chrysus eine Mine und drei Chrysus ein Talent genannt wurden. Allein folgende Auskunft gefällt mir besser. Bekanntlich pflegt in unserer Ketuba der Bräutigam, außer den schuldigen 200 Sus, das Eingebrachte seiner Braut zu 50 „Silberlitren" zu übernehmen und ebensoviel von dem Seinigen hinzu zu versprechen; und ich habe zwar den Ursprung dieser „100 Silberlitren" nicht höher hinauf als bis zu den Tosafot zu Ketubot 54, b verfolgen können, doch verbürgt uns diese Sitte eine ansehnliche Silbermünze, welche Litra hieß; ja aus der Notiz des Maggid mischneh zu Maimuni's h. Ischut 10, 8, daß in seiner Gegend 200 tyrische Denare als „Zugabe" verschrieben wurden, ist abzunehmen, daß jene Silberlitra 4 Denare betrug. Vollkommen bestätigt dies uns Pollux, er sagt 4, 24, daß bei den alten Komödiendichtern die Litra gleich einem Stater war.*) Ferner werden uns in § 27 centenarische Stateren wahrscheinlich werden, welche 6²/₅ Denar wogen: und wie leicht konnte es kommen, daß diese geradezu Centenare genannt wurden. Hiernach nun würde R. Chanina gesagt haben, die mosaischen Schekel hätten 3¹/₈ Denar betragen (vergl. sub 4), die in den Propheten wären Litren von 4 Denaren, und die in den Hagiographen Centenare (centenarische Selaim) im Werthe von 6²/₅ Denaren gewesen.

8. Wie Maimuni schreiben fast alle älteren Rabbinen dem Denar, deren 4 ein Sela seien, das Gewicht von 96 Gerstenkörnern zu. Nach R. Ascher zu Bechorot 49, b scheint diese An=

*) Die Litra in diesem Sinne dürfte auch Joh. 19, 39 gemeint sein, denn dort wird zwar erzählt, Nikodemus habe eine Mischung von Myrrhe und Aloe, an 100 λίτρας, zur Bestattung Jesu gebracht: aber 100 römische Pfund oder 100 jedes anderen etwa durch Litra bezeichneten Pfundes waren für einen solchen Zweck ganz unglaublich zuviel, auch von so kostbarer Mischung wohl selbst für einen Nikodemus viel zu theuer, wie denn nach ib. 12, 3. 5 die Litra Nardensalbe an 300 Denare gekostet haben soll; und ich glaube daher, daß λιτρῶν zu lesen sei („für 100 Litren" oder Stateren).

nahme von den Geonim herzustammen, welche der Peruta das Gewicht eines halben chab (im Arabischen Korn) zuschrieben und mit dem Talmud dem Denar 192 Perutot vindicirten. Ich habe zwar hiergegen zu erinnern, daß nach Kidduschin 12, a von Manchen dem Issar nur 6 und also dem Denar (24 Issar) nur 144 Perutot gegeben wurden; sowie daß ja die Peruta eine Kupfermünze war. Doch soll nach Cavedoni wirklich mancher De-nar ungefähr 96 Gerstenkörner wiegen, was indessen das Gewicht des mosaischen Schekel nicht ermitteln hilft, da die Geonim nur maccabäische oder noch jüngere Münzen gewogen haben können.

9. Schekalim 2, 4, obwohl die viel ältere persische Zeit betreffend, wollen wir zuletzt betrachten, weil das Ergebniß Manchem unsicher erscheinen mag. Dort sagt R. Jehuda, für den vorschrift-lichen halben Schekel habe es keine Werthfixirung gegeben, aus dem Exil zurückgekehrt hätte man dafür Darkonot entrichtet, später Se-laim, noch später Tib,in (wohl Hälften des Sela), ja endlich hätte man gar Denare geben wollen. Unter Darkonot mag R. Jehuda Goldbareiken verstanden haben, wie ib. 2, 1 das Wort zu nehmen ist, Schekalim jer. 2, 3 ist es durch Golddenäre erklärt; wo-gegen Maimuni h. Schekalim 1, 4 es für einen Doppel-Sela hält, vermuthlich bloß weil ihm schien, daß ebenso der Sela werde die Hälfte des Darkon gewesen sein, wie die später angegebenen Tib,in Hälften des Sela und die dann erwähnten Denare wieder halbe Tib,in waren. Es ist aber unglaublich, daß jemals zum „halben Schekel" wirklich Goldbareiken oder Doppel-Selaim oder auch nur einfache Selaim entrichtet wurden: wie ganz anders klingt die Zusage Nech. 10, 33, einen Drittelschekel entrichten zu wollen! Zuckermann S. 17 vermuthet dagegen, unter diesen Darkonot seien die von Mommsen S. 9 angeführten altasiatischen Goldmünzchen . von nur $0_{,82}$ Gramm zu verstehen, da diese $8_{,2}$ Gramm Silber und also fast (?) dem Halbschekelgewichte (seiner Annahme, $7_{,275}$ Gramm) entsprochen haben würden. Von allen Einwänden aber, welche gegen diese wilde Vermuthung erhoben werden können, will ich nur zwei anführen: 1) dann wären ja diese Darkonot von viel geringerem

Werthe als die nach ihnen „entrichteten" Selaim gewesen,*) was doch gewiß nicht R. Jehuda's Meinung war; 2) diese kleinen Gold=plättchen wurden doch wohl nicht auch Dareiken genannt? Mir scheint vielmehr R. Jehuda's auffällige Aussage aus der überlieferten Nachricht, daß man einst Silber=Dareiken statt des halben Schekel gegeben habe, irrthümlich hervorgebildet zu sein.**) Sehen wir daher die persischen Silbermünzen schon jetzt etwas an. Es haben sich deren einige von 240 Gran erhalten, welche ersichtlich sich hier nicht zur Vergleichung empfehlen. Dagegen will Levy S. 22 unter Nechemja's Schekel den von Xenophon anab. 1, 5, 6 erwähnten Siglos von $7\frac{1}{2}$ attischen Obolen ($102\frac{3}{4}$ Gran) ver=stehen, von welchem es Drittel und Sechstel gegeben hätte: doch, frage ich, hätte man wohl die Tempelsteuer auf eine Münze von nur $2\frac{1}{2}$ Obolen herabgesetzt? Richtig aber hat schon Böckh S. 50 diesen Siglos mit den uns erhaltenen persischen Silbermünzen von 103 Gran identificirt; und bekanntlich giebt es auch phönicisch=persische von gerade doppeltem Gewicht, von etwa 205 Gran. Daß es auch von letzteren werde Drittel gegeben haben, wird mir daraus noch besonders wahrscheinlich, daß ein solches Drittel von etwa $68\frac{1}{3}$ Gran grade eine phönicische Drachme war. Ich werde in § 6 zeigen, daß jener Siglos grade der eigentliche Silberdareikus war; und vermuthe nun, daß man in ihm, der ein Halbstück war, eine Zeitlang „den halben Schekel" entrichtete, seit Nechemja aber, vielleicht wirklich aus Dürftigkeit, nur $\frac{1}{3}$ des Ganzstückes d. i. eine tyrische Drachme zahlte.

Alle diese direkten wie indirekten alten und älteren Angaben

---

*) $8,_2$ Gramm sind an 154 Gran; ich werde durchweg das Gramm zu $18,_{83}$ Gran berechnen, eigentlich ist es $18,_{827}$ Gran.

**) Aus dieser Nachricht mag es auch stammen, daß noch „Jona-tan" zu 1. Mof. 24, 22 und zu 2. Mof. 38, 26 den halben Schekel durch Darkemon übersetzt, falls man nicht das Unwahrscheinliche statuiren will, daß er darunter eine große alexandrinische Drachme ver-standen habe, welche wie gesagt die LXX für den halben Schekel setzten.

über den Werth des biblischen Schekel haben aber so ersichtlich keine wissenschaftliche Grundlage, daß ihre Widerlegung mir erlassen werden wird; sie mußten gemustert und beleuchtet werden, die Ergebnisse hiervon werden uns auch im Verfolge manchen Dienst leisten, aber nach dem wirklichen Werthe des mosaischen Schekel müssen wir weiter suchen.

§. 3.

Unter den Neueren herrschen über den biblischen Schekel besonders zwei verschiedene Ansichten: Mit Jbn-Esra zu 2 Mos. 30, 13 erblicken Manche in der gera die Bohne aus der beliebten Schote des Johannisbrodbaumes (charub), deren 20 ungefähr 96 Gran wiegen. Böckh aber, welcher diese Deutung einfach „lächerlich" findet, giebt dem mosaischen Schekel 274 Gran wie dem maccabäischen, weil 1) Schimon Maccabäus doch gewiß nicht würde von dem alten Gewichte abgewichen sein, dann aus einigen metrologischen Gründen, die ich nachbringen werde.

Ich kann nun Böckh's Ansicht nicht theilen, und sowohl weil er eine so große Autorität ist, als auch weil ihm hierin so Viele (neuerlich selbst Levy und Zuckermann) ohne Prüfung gefolgt sind, muß ich die Widerlegung derselben desto gründlicher führen.

Gegen sein erstes Argument habe ich einzuwenden: a) woher denn gar sollte Schimon das richtige Gewicht des mosaischen Schekel gekannt haben? durch Tradition? man male sich nur aus, wie schwierig diese gewesen wäre! und sollte sie neben dem nachgewiesenen Entrichten von Silberbarcifen anstatt eines halben Schekel noch nebenher gelaufen sein? b) warum sollte denn grade dieser Schimon strict das alte Schekelgewicht haben reproduciren wollen? man nahm es ja damit im Alterthum so genau gar nicht! Denn nach Obigem verzichte ich zwar darauf, hiefür die Aussage des R. Jehuda Schekalim 2, 4 geltend zu machen, daß es für den „halben Schekel" keine Werthfixirung gegeben habe: aber wir sahen in § 2, man zahlte statt desselben einst Silberbarcifen von 103 Gran und später „Drittel" vermuthlich von 68⅓ Gran, seit Alexander 10 attische Obolen von zusammen 137 Gran, dann 2 tyrische Drachmen von gleichem Gewicht, in Alexandrien Drachmen von 131 Gran, später statt 2 tyrischer Drachmen 2 römische Denare, die etwas leichter waren; zu schweigen davon, daß die mitgetheilte Schätzung des N. Ammi auf $1^3/_4$ Denare hinweist, die des N. Chanina auf $1^9/_{16}$, die des N. Jochanan auf $2^1/_{12}$! Offenbar viel einfacher ist daher die Annahme, daß Schimon Maccabäus zur Ausprägung seines Schekel zu 274 Gran dadurch gelangt ist, daß man seit Alexander die 20 Gera des Schekel auf 20 Obolen bezogen hatte, wie die LXX und die zu den späteren Abschätzungen des bibli= schen Schekel gar nicht passende, also gewiß traditionelle Erklärung der Gera durch Maa zeigt; Alexander aber brachte bekanntlich die attische Währung mit, in welcher 20 Obolen oder $3^1/_3$ Drachmen an 274 Gran wogen. Es erscheint mir dies ansprechender als die kahle Annahme, daß Schimon seinem Schekel das Gewicht des gleich schweren tyrischen Sela gegeben habe: da hierbei die Erklärung der Gera durch Obol und Maa unbegreiflich bliebe; doch mag sein, daß man schon vor Schimon anstatt der unbehelfenen $1^2/_3$ attischen Drachmen 2 tyrische, die vollständig entsprachen, als halben Schekel entrichtet hat, und daß Schimon deshalb in tyrischer Währung prägen ließ. — Nachdem ich hiermit Böckh's erstes Argument wi= derlegt zu haben glaube, schreite ich scheuer zur Bekämpfung seiner ferneren Gründe, weil in ihnen der große Metrologe auf seinem eigensten Boden erscheint. Also dazu, daß der mosaische Schekel 274 Gran betragen habe, stimme

2) das babylonische Gewichtssystem ganz, denn in diesem habe wie in dem äginäischen das Talent 6000 Drachmen von 137 Gran enthalten, und eben so viel Gran ergäben die 3000 Schekel des mosaischen Kikar, wenn sie 2 mal 137, also 274 Gran wogen (Böckh S. 48 u. w.). Um Wiederholungen zu vermeiden, will ich auch diesem Argument gleich meine Einwen= dungen folgen lassen. Ich frage demnach, woher weiß denn nur Böckh, daß das babylonische Talent 6000 Drachmen von 137 Gran enthielt? Er will dies aus den Gleichungen beweisen, daß nach Herod. 3, 89 das babylonische Talent gleich 70 euböischen Minen

war, und die euböische Mine sich zur attischen wie 25 : 18 verhal=
ten haben müsse, da die äginäische zur euböischen wie 6 : 5, zur
attischen wie 5 : 3 gewesen sei. Nun fällt zwar diese Pyramide
von Gleichungen schon dadurch in sich zusammen, daß seine Ansichten
wom Gewicht der äginäischen wie der euböischen Mine unhaltbar
sind: die äginäische verhielt sich zur attischen nicht wie 5 : 3, son=
dern etwa wie 7 : 5, wie neuerdings Hultsch S. 134 u. w. hin=
reichend bewiesen hat; und die euböische zur attischen nicht wie
25 : 18, sondern beide waren ganz identisch, wie Mommsen S. 24
— 26. 55 eben so genügend gezeigt hat*), und ich selbst im Ver=
folge hoffentlich noch zwingender zeigen werde. Außerdem aber,
Böckh's eigene Gleichung liefert ja für das babylonische Talent ein
anderes Resultat, denn wie kann dieses babylonische Talent dem ägi=
näischen gleich gewesen sein, wenn zu dem euböischen das babylo=
nische wie 7 : 6, dagegen das äginäische wie 6 : 5 sich verhalten
hätte? Ferner finden wir ja über das babylonische Talent ganz
abweichende Angaben, es soll nach Aelian in seiner varia hi-
storia 1, 22 gleich 72, nach Polluy 9, 6 gleich 70 attischen
Minen gewesen sein, also zum attischen Talent nicht wie 5 : 3,
sondern wie 6 : 5 resp. wie 7 : 6 sich verhalten haben! Und
eine glänzende Bestätigung hat, freilich erst in neuester Zeit, des
Polluy Angabe durch authentische assyrische und babylonische Gewichts=
stücke erhalten, welche unter den Ruinen von Nimrud gefunden
wurden, und auf denen in aramäischer Sprache ihr Gewicht ange=
geben ist; anschaulich handelt von ihnen Levy S. 148—154, und
es ist nur zu bewundern, wie naiv Dieser eingestehet, daß zu ihrem
Gewichte Böckh's Annahme (daß die mosaischen Schekel schon ganz

---

*) Ich will daraus bloß anführen, daß nach Polyb. 21, 14, 4
Liv. 37, 45. Appian Syr. 38 Antiochus den Römern 15000 euböische
Talente zahlen sollte, und nachdem er die ersten 3000 entrichtet, werden
Polyb. 22, 26, 19 und Liv. 38, 38 die restirenden 12000 attische
„von 80 römischen Pfunden" genannt, welcher in dem Vertrage selbst
gemachte Zusatz außer allem Zweifel stellt, daß echtattische ge=
meint sind.

die Schwere der maccabäischen gehabt) in keiner Weise stimme, und doch besagte Annahme unangezweifelt aufrechthält! Eins jener Gewichtsstücke trage die Aufschrift chamschat asar manah (15 Minen) und wiege 236,160 englische Gran, wonach die Mine 15,744 englische oder 19,200 parifer Gran wog, da 1 par. Gran gleich 0,₈₂ englische ist; und von den übrigen dort gefundenen Gewichten mit eingegrabener Gewichtsangabe stimmten die meisten hierzu ganz, einige jedoch wögen nur grade die Hälfte, woraus Norris geschlossen, daß die babylonische Mine die Hälfte der assyrischen war, was sich auch sogleich uns bestätigen wird. Die babylonische Mine hat hiernach 9600 par. Gran gewogen, und die attische wog deren bekanntlich 8220, wonach die babylonische zur attischen wie 160 : 137 sich verhielt, was nur um ¹/₈₂₂ von 7 : 6 (Pollux' Angabe) differirt; hätte Norris Unrecht, so würde die babylonische Mine zur attischen wie 14 : 6 sich verhalten, was gewiß Niemand adoptiren kann. Die Angabe des Herodot 3, 89, daß das babylonische Talent gleich 70 euböischen Minen war, stimmt hierzu genau, nachdem wir die Identität der euböischen und attischen Mine erkannt haben, sowie umgekehrt für die Identität beider Minen hieraus ein ferneres unanfechtbares Argument sich ergiebt*). Auch bemerke ich, mir vorgreifend, daß später grade durch den mosaischen Schekel dieser Befund des babylonischen Talentes sich weiter bewähren wird; und eigentlich könnten wir nunmehr schon von Böckh absehen, doch verdient ein solcher Mann, daß wir auch seine ferneren Gründe anhören. Er sagt S. 52 u. w.

3) gleichwie das „äginäisch-babylonische" Talent sich zum attischen wie 5 : 3 verhalten und also 10,000 attische Drachmen enthalten habe, ebenso müsse der biblische Kickar 10,000 attische

---

*) Mommsens Vorschlag S. 22 u. w., in Herodot 3, 95 die 9540 euböischen Talente in 9880 und seine 70 euböischen Minen des babylonischen Talentes in 78 zu emendiren, die aber selbst wieder für 80 stünden. darf wohl ohne Widerlegung abgewiesen werden.

Drachmen betragen haben, da Josephus ant. 3, 6, 7 ihm 100 Minen (also 10,000 Drachmen) zuschreibe.

4) Hiernach habe die biblische Mine (der 60. Theil des Kidar) 166⅔ attische Drachmen betragen: das stimme ziemlich zu Jo=sephus ant. 14, 7, 1, daß die ibräische Mine 2½ Litren (rö=mische Pfund) betrug. Auch der Armenier Anania im 7. Jahr=hundert, aus welchem Böckh S. 152 einige sehr schätzbare Notizen mittheilt, gebe der ibräischen Mine 2½ Litren.

Aber (abgesehen davon, daß wie gezeigt weder das äginäische noch das babylonische Talent 10,000 attische Drachmen betrug) diese beiden Beweise selbst enthalten ja Widersprechendes: nach dem ersten soll der Kidar in 100 Minen, nach dem zweiten in 60 ge=theilt worden sein! Auch legt hierbei Böckh das Gewicht der älte=ren attischen (solonischen) Drachme von 82,₂ Gran zu Grunde, Josephus aber stellt ant. 3, 8, 2 die attische Drachme (seiner Zeit) der tyrischen (von 68½ Gran und darunter) gleich! Endlich, 166⅔ solonische Drachmen wögen (zu 82,₂) 13,700 Gran, da=gegen 2½ römische Pfund (zu 6165) 15,412½ Gran: stimmt das so „ziemlich"? Ich glaube vielmehr, daß jenen beiden Jo=sephischen Gewichtsangaben Fictionen der Schriftgelehrten zu Grunde lagen. Schon Jonatan nämlich faßte, freilich mit Unrecht, Jech. 45, 12 dahin auf, daß hinfort die ibräische Mine 60 Schekel oder vielmehr 60 Selaim enthalten solle: das sind 240 Drachmen oder Denare, und das römische Pfund enthielt zu Josephus' Zeit 96 Denare, sodaß 240 grade 2½ römische Pfund ausmachten. Aehnlich sagte schon Michaelis; und es ist sehr möglich, daß man in Folge jener gewiß schon vor Jonatan erfolgten Auffassung eine jüdische Mine von 60 Sela wirklich einführte. Josephus' Angabe aber, daß der mosaische Kidar 100 Minen enthalten, läßt sich ein=fach aus einer erhaltenen richtigen Tradition erklären, daß man einst den heiligen Schekel 3⅓ Drachmen gleichstellte, da man seine 20 Gera für attische Obolen oder Maot hielt; nach Bechorot 50, a sagte erst Raba das, allein wir sahen schon, daß es in die Zeit nach Alexander hinaufreicht: und hiernach hätte der Kidar von

3000 Schekel 10,000 attische Drachmen oder 100 Minen enthal=
ten*). Aber wer darf solche auf Fictionen beruhende Angaben zu
strengwissenschaftlichen Resultaten benutzen? Wir werden in § 5
sehen, daß in Jech. 45, 12 keine Mine von 60 Schekel zu finden
ist, wenn auch Jonatan und Bechorot 5, b dies annahmen;
desgleichen werden wir in § 4 sehen, daß gera etwas Anderes
bedeuten muß als Obol, und werden darum aus dieser Annahme
in der „griechischen Zeit nicht schließen' dürfen, daß der biblische
Schekel wirklich $3\frac{1}{3}$ attische oder 4 tyrische Drachmen betragen habe.

§. 4.

Nachdem ich Böckh's Ausschätzung des mosaischen Schekel glaube
hinlänglich widerlegt zu haben, erkläre ich mich mit vollster Ueber=
zeugung dafür, daß er wirklich 20 Bohnen der Johannis=
brodschote schwer war. Vorweg nämlich sehe ich nicht ein,
warum diese Annahme, auch wenn sie irrig sein sollte, von Böckh
für „lächerlich" erklärt wird; lächerlicher jedenfalls erscheint es mir,
die gera der LXX folgend für einen Obol oder für „ein Ge=
wichtchen in Korn= oder Schrotform" zu halten, denn da in der
Bibel der Schekel so sehr oft, die gera aber kein einziges Mal
weiter erwähnt wird, so hätte ja da die Bibel das hinlänglich Be=
kannte durch etwas Unbekanntes erklärt! Ferner ist die Benennung
gera für Beere, Bohne etymologisch völlig klar; dagegen sie

*) Nach 1. Chron. 29, 7 sollen unter Dawid die Edelen zum Tem=
pelbau 5000 Kikar Goldes und 10000 Adarkonim u. s. w. gespendet
haben Natürlich ist diese Angabe unhistorisch, aber der Anachronismus
von persischem Gelde schon in Dawids Zeit ist selbst für den Chronisten
zu stark; und wie wäre er zu der sonderbaren Erdichtung gekommen,
daß neben 5000 Talenten ungemünzten Goldes nur etwa 2 Talent ge=
münzten gespendet worden seien? denn wie gezeigt schrieb man zur
Zeit des Chronisten dem alten Kikar das Gewicht von 10000 attischen
Drachmen zu, und der Goldbareikos wog ungefähr 2 solche Drachmen.
Beide Schwierigkeiten würden schwinden, wenn man für wa-adarkonim
läse la-adarkonim, sodaß die Stelle besagte: an Gold 5000 Kikar
von 10,000 Drachmen, vgl. 1 a adarkonim elef Esr. 8, 27.

für ein Metallſtückchen von beſtimmtem Gewichte zu nehmen iſt in jedem Falle weniger einfach. Sodann bedienten ſich ja auch die Griechen, Römer, Armenier und Araber dieſer Bohne zum Gewicht, vergl. das griechiſche κεράτιον von κερατέα Johannisbrodbaum, das lateiniſche siliqua, dieſe Bohne und der 6. Theil eines Scrupels, das arabiſche kirat, dieſe Bohne und ihr Gewicht von 4 Gerſtenkörnern; und gradeſo erklärt der Armenier Anania das Kerat für dieſe Bohne, 4 Gerſtenkörner ſchwer. Man fand aber 20 dieſer Bohnen etwa 96 Gran ſchwer, was mit dem oben aus gefundenen Gewichtsſtücken nachgewieſenen Gewichte der babyloniſchen Mine von 9600 par. Gran völlig genau übereinſtimmt; denn enthielt auch die babyloniſche Mine 100 Schekel, ſo kamen auf jeden ebenfalls 96 Gran. Auch ſahen wir ſchon aus Herodot und Pollux, daß ſich das euböiſch-attiſche Talent zum babyloniſchen wie 6 : 7 verhielt, und müſſen danach vorausſetzen, daß ſich ebenſo die attiſche Drachme zum babyloniſchen Schekel verhalten haben werde: da nun jene 82,2 Gran wog, ſo muß auch hiernach der babyloniſche Schekel $7/6$ mal 82,2 d. i. 95,9 Gran enthalten haben. Ferner ſtimmt hierzu genau Freytags Angabe im arabiſchen Lexicon s. v. kirat, daß im Irak 20 jener Bohnen ein Denar ſind: denn danach war der Denar im Irak der babyloniſche Schekel ſelbſt *). Uebrigens

*) Unſere Beachtung verdient hier noch Einiges. Erſtens, Bechorot 50, a ſind 28,1⁄4 arabiſche Sus 20 „denariſchen Mithkal‟ gleichgeſtellt, unter welchen letzteren dem ganzen Zuſammenhange nach 20 tyriſche Denare, nämlich die in tyriſcher Währung ſchuldigen 5 Selaim, verſtanden werden ſollen; berechnen wir nun den tyriſchen Denar zu 68¼ Gran, ſo wog nach jener Gleichung in der talmudiſchen Zeit der arabiſche Sus ein Minimum unter 48 Gran, und war alſo genau 10 jener Bohnen ſchwer oder die Hälfte des moſaiſch-babyloniſchen Schekel. — Ferner, der ſpätere arabiſche Dirhem wog nach Freytag s. h. v. 12 jener Bohnen, alſo an 57,6 Gran, und 1⁄7 deſſelben würden grade eine attiſche Drachme geweſen ſein: ſollte es zweierlei arabiſche Mithkals gegeben haben, eins vom Gewichte der attiſchen Drachme, von welchem 1⁄7 der Dirhem von 12 Bohnen war, und eins vom Gewichte der tyriſchen, von welchem 1⁄7 der in Bechorot erwähnte arabiſche Sus (von

zeigt der S. 16 schon besprochene persische Siglos von $7\frac{1}{2}$ attischen Obolen ($102^3/_4$ Gran) bei Xenophon es hinreichend, daß man so leichte Schekel kannte.

Daß also der mosaische Schekel 20 jener Bohnen oder an 96 Gran grade wie der babylonische wog, ist nach dem allen wohl außer Zweifel. Caveboni wendet I. 149 zwar ein, daß dann die Speise im Gewicht von 20 Schekel, welche Jechesker nach 4, 10 täglich zu sich nehmen sollte, zum Verhungern wenig gewesen wäre, und wirklich hätte sie dann nur 20 mal 96 Gran oder etwa $6\frac{1}{2}$ Neuloth gewogen: allein bei seiner Annahme, daß der mosaische Schekel 4 Drachmen oder $\frac{1}{2}$ römische Unze betrug, hätte solche tägliche Speise doch auch nur an $16\frac{1}{2}$ Neuloth gewogen, wovon ebenfalls sich nicht 390 Tage leben ließ; Caveboni hat nicht beachtet, daß ja der Prophet nicht wirklich dies ausführen sollte, und daß andere Bibelstellen wieder das kleinere Schekelgewicht mehr empfehlen. *)

10 Bohnen) war? der dortige Beisatz „20 Mithkal in Mithkalen der Denare" würde erst hieraus sein volles Licht erhalten. — Endlich schreibt Böckh S. 152 jenem Armenier Anania die Angaben zu: ein Dank wiege 2 Gerstenkörner, nach einer anderen Stelle 12, und der heilige Schekel habe 20 Dank betragen. Dies muß unrichtig mitgetheilt sein, denn wer jemals hätte dem heiligen Schekel das Gewicht von 40 oder auch von 240 Gerstenkörnern gegeben? man gab ihm deren 320 oder 384! Sicherlich hat wohl Anania dem Dank (dem bekannten Danka, Maa, $\frac{1}{4}$ des Denar) das Gewicht vielmehr von 2 Johannisbrodbohnen zugeschrieben, und wo er deren 12 angiebt, den Denar oder eigentlich jenen 12 bohnigen Dirhem gemeint; seine 20 Dank für den heiligen Schekel kommen daher, daß die Juden längst in der gera die Maa erblickt hatten, und natürlich ist daher auch seine Schekelberechnung unrichtig.

*) So soll nach 2. Sam. 14, 26 Abschaloms abgeschorenes Haupthaar 200 Schekel königlichen Gewichtes gewogen haben: den Schekel zu $\frac{1}{2}$ römischen Unze genommen, hätte es über 163 Neuloth gewogen! dagegen nach meiner Schekelberechnung nur an 61, was schon stark genug die Uebertreibung der Sage verräth; oder sollte das „königliche

Nur verdient noch eine Erwägung, daß obwohl der mosaische Schekel dem babylonischen völlig gleich erscheint, doch der mosaische Kidar nach 2. Mof. 38, 25. 26 nur 3000 Schekel enthielt, dagegen das babylonische Talent 6000 enthalten haben muß: denn das attische enthielt 6000 mal 82,$_2$ Gran d. i. 493200, und das babylonische $\frac{1}{6}$ mehr, wie wir sahen, also 575400, was genau 6000 mal 95,$_9$ Gran ist. Befremden indessen darf uns das nicht weiter, daß hiernach das babylonische Talent gleich 2. mosaischen war: ähnlich fand sich oben ja, daß das assyrische gleich 2 babylonischen war; vielleicht auch war das altarabische Talent wieder nur die Hälfte des mosaischen, da wir sahen, daß der altarabische Sus genau die Hälfte des mosaischen Schekel wog.

§. 5.

Von dem biblischen Schekel gab es auch Hälften (1. Mof. 24, 22 und 2. Mof. 38, 26 beka genannt) und nach 1. Sam.

Gewicht" viel kleiner gewesen sein? — Nach 1. Sam. 17, 5. 7 wog Goljat's eherner Schuppenpanzer 5000 Schekel, die eiserne Klinge seiner Lanze 600; und Jonatan, obwohl er sonst gewöhnlich Schekel durch Sela wiedergab, auch wo wie 2. Sam. 21, 6 bloß das Gewicht in Betracht kam, hat ausnahmsweise diese 5000 resp. 600 Schekel tiklé übersetzt, worunter man halbe Selaim verstand (siehe § 16), offenbar weil ihm das Gewicht von 5000 resp. 600 Selaim selbst für die Waffen eines Goljat viel zu groß erschien. Umgekehrt hat er die 20 Schekel Speise des Jecheskel, vermuthlich weil das auch ihm zu wenig vorkam, nicht durch Sela, sondern durch pilés übersetzt, welches Wortes Bedeutung ich zwar nicht ganz ergründen kann, das aber danach, daß er 1. Sam. 30, 12 das dem verschmachteten Aegypter gereichte Stück Feigenmasse ebenfalls durch pilas debélta wiedergiebt, viel mehr als das Gewicht eines Sela gewesen sein muß, denn dieser wog bloß an 257 Gran, wer aber läßt einem Verhungerten ein Stück Feigenmasse von noch nicht $\frac{1}{2}$ Loth reichen? Aus diesem Grunde weise ich für jenes pilés auch die Vergleichung ab, daß das ibräische peles Spr. 16, 11 im Targum durch rigja umschrieben ist, welches nach Bechorot 11, a $\frac{1}{2}$ Sela betrug; doch mag es mit diesem peles etymologisch verwandt sein.

9, 8 Viertel. Welcher Theil eines Schekel die oben schon bespro=
chene Kesita war, ist nicht zu ermitteln; sie könnte sogar ein Mehr=
faches des Schekel betragen haben, die Erwähnung Ijob 42, 11
eines g o l d e n e n Nasenringes neben ihr spricht etwas hiefür.
Die Mine (maneh) kommt vor dem Exil nur einmal (1. Kön.
10, 17) vor; daß Jonatan zu Jes. 7, 23 für elef kesef tau=
send Minen und zu Jirm. 32, 9 für schekalim Minen setzt,
wie schon erwähnt wurde, oder daß er die 200 Feigenbrode 1. Sam.
25, 18 in 200 Minen Feigenmasse verwandelt, ist ungerechtfertigt.
Aber obgleich auch 2. Mos. 38, 24 von 730 Schekel, B. 25
von deren 1775, und 4. Mos. 3, 50 von 1365 Schekel die
Rede ist, ohne daß diese auf Minen reducirt wurden, möchte ich
doch noch nicht so entschieden wie die Tosafot zu Bechorot 5 a be=
haupten, daß man zu Moscheh's Zeit noch nichts von Minen ge=
wußt habe; in den drei erwähnten Fällen können die Reductionen
unterblieben sein, weil sie doch keine runden Minen ergeben hätten.*)
Für die 3 Minen Goldes 1. Kön. 10, 17´ stehet in der Parallel=
stelle 2. Chron. 9, 16 300 (Schekel) Goldes, wonach also der
Chronist, und wohl nicht mit Unrecht, der Mine 100 Schekel zuer=
kannt hat; und da 2. Mos. 38, 25. 26 für den Kikar 3000
Schekel ergiebt, so enthielt derselbe 30 Minen. — Bechorot 5, a
wird der „heiligen Mine" das Doppelte der profanen vermöge fol=
gender Argumentation zugeschrieben: nach 2. Mos. 3S, 26 habe
das Volk 603550 halbe oder 301775 ganze Schekel gegeben; den
Kikar wie später das Talent zu 60 Minen und die Mine zu
100 Denaren oder 25 Schekel (Selaim) berechnet, hätte der Kikar
1500 Schekel enthalten und also jene Spende 201 Kikar 11 Minen
betragen müssen, dafür aber sei sie ib. V. 25 nur zu 100 Kikar
und 1775 Schekel angegeben, grade die Hälfte, und die heilige
Mine müsse also vielmehr 50 Schekel (200 Denare) betragen haben.

---

*) Ueberdies zeigen auch die erhaltenen öffentlichen Rechnungen
des athenischen Staates nur Talente, Drachmen und Obolen, nicht
Minen.

Auf einige unerhebliche Einwendungen hin wird dort alsdann Dieses daraus bewiesen, daß die bloß von 5 auf 6 erhöhete Mine des Jecheskel 60 Schekel enthalten hätte. Im Wesentlichen Dasselbe findet sich schon Synhedrin jer. 1 am Ende. Allein beide Beweise sind unhaltbar. Von Minen sagte Mojcheh überhaupt nichts, sein Kikar aber enthielt nicht 1500 Schekel-von je 4 Denaren (wir sahen oben, wie man später zu dieser ganz unrichtigen Berechnung gelangte), sondern er enthielt 3000 Schekel von je 20 Gera. Die angebliche Mine des Jecheskel aber ist eine bare-Fiction. Man hat nämlich in Jech. 45, 12 finden wollen, daß die Mine aus Stücken von 20, von 25 und von 15 Schekel bestehen solle; und diese zusammenaddirend, hat man der „Mine des Jecheskel" 60 Schekel vindicirt. Allein hiervon hätte schon die Erwägung abhalten sollen, daß Silberstücke von so enormer Schwere so unerhört wie unbrauchbar sind: die schwersten antiken Silbermünzen übersteigen nicht das Gewicht von 10 Drachmen, während das supponirte Stück von 25 Schekel selbst nach meiner Schekelberechnung schon über 29 attische Drachmen, nach der Gleichstellung des Schekel mit dem tyrischen Sela aber gar 100 tyrische oder fast 84 attische Drachmen gewogen hätte! Ueberhaupt begreife ich nicht, weshalb von den LXX bis zur Gegenwart herab dieser Vers des Jecheskel soviel gezerrt und emendirt worden ist, zum Theil selbst mit Verkennung des einfachen Sprachgebrauches, daß asara wachamischa nicht 15 (chamischa asar), sondern nur 10 und 5 bedeutet, was leider schon Jonatan übersehen hat. Nachdem Jecheskel aus zuvor erwähntem Grunde nicht von Silberstücken reden kann, scheinen mir seine Worte nur besagen zu sollen, daß das Gewicht (hamaneh) der Verkäufer aus Stücken von 20, 25, 10 und 5 Schekel bestehen solle; eine von Jecheskel dem Leser zugemuthete Zusammenaddirung dieser vier Zahlen, statt einfach zu sagen: die Mine soll hinfort 60 Schekel enthalten, wäre an sich schon höchst sonderbar gewesen, wird aber noch unglaublicher dadurch, daß bei einer Mine von 60 Schekel ein Geldstück und noch mehr ein Gewichtsstück von 25 Schekel irrational wäre; grade diese 25 weisen darauf hin, daß eine Mine von 100 Schekel zu Grunde gelegt ist. Wegen des etwas Anstößigen, daß die 20 den 25 vorausgehen, möchte ich höchstens vermuthen, daß anstatt jener ursprünglich ein Nun (50) stand, welches später für Caf genom= men wurde, da noch mehr im Ibri als in der Quadratschrift beide Buchstaben leicht zu verwechseln waren, und daß nachmals für den Zahlbuchstaben die Zahl ausgeschrieben wurde, was ja in der Bibel gar nicht selten erfolgt sein muß.

Während hiernach die alte Behauptung, daß die heilige Mine das Doppelte der profanen betragen habe, völlig bodenlos erscheint, ist über die von den Tosafot zu Bechorot 5, a daraus abstra= hirte Annahme, daß dagegen der heilige Schekel nicht von dem pro= fanen verschieden gewesen sei, viel unsicherer zu entscheiden. Viele nämlich haben im Gegentheil angenommen, auch Böckh, daß der heilige Schekel zwei profane betrug; und freilich ohne ent= scheidende Gründe, denn selbst der anscheinend beste derselben, daß die Bibel nicht umsonst werde so oft den „heiligen" Schekel urgirt haben, ist vollauf durch die Annahme zu beseitigen, daß sie hierunter nur den vollwichtigen, normalen Schekel verstanden. Allein nachdem ich S. 23 gezeigt habe, daß in der talmudischen Zeit der arabische Sus genau die Hälfte des mosaischen Schekel war, empfiehlt sich mir doch wieder die Annahme etwas, daß solche Stücke schon in der mosaischen Zeit vorhanden waren und für Schekel galten, wonach Moscheh sehr wohl zum heiligen Schekel das Doppelte derselben erklärt haben kann; hieraus würde sich zu= gleich erklären, warum sein Kidar nur 3000 Schekel erhielt, wäh= rend doch fast allen sonstigen Talenten 6000 Stücke gegeben wur= den. Nur darf, wer dies annehmen will, darum nicht glauben, daß wo die Bibel schlichtweg Schekel erwähnt, diese profanen (hal= ben) zu verstehen seien: denn sonst wären denn doch Goljat's Pan= zer und Lanzenklinge (von ungefähr 25 und 3 Pfund) nicht er= wähnenswerth gewesen*); ich glaube vielmehr, daß in diesem Falle

---

*) 2. Sam. 21, 16 ist zu dunkel.

der „heilige" Schekel allmälig zum israelitischen geworden ist. Eher ließe sich vermuthen, daß das schon erwähnte „Königsgewicht" 2. Sam. 14, 26 Schekel von halber Schwere enthielt und von David ein=geführt worden sei, als der Handel mit den arabischen Stämmen lebhafter wurde: denn dann hätte Abschalom's Haar von 200 Schekel dieses Königsgewichtes doch, nur an 30$\frac{2}{3}$ Loth gewogen. Unter allen biblischen Erwähnungen des Schekel von da an bis zum Exil ist keine, welche für oder wider diese Vermuthung einen An=halt böte; doch gewänne durch sie die sonst ziemlich überflüssige Wiederholung des Jecheskel, daß der Schekel 20 gera enthalten solle, den passenden Sinn, daß er wieder der mosaische sein solle. Indessen sind das alles bloße Vermuthungen.

Schließlich ergiebt sich für den mosaischen Silberschekel das Gewicht von etwa 96 Gran und der Werth von ungefähr 9$\frac{1}{7}$ Sgr., das Zollpfund reinen Silbers zu 30 Thlr. angenommen*). Die Mine, von 100 solchen Schekel, war hiernach an 9600 Gran oder ungefähr 30,$_6$ Neuloth schwer und 30$\frac{2}{3}$ Thlr. werth; der Kickar, von 3000 solchen Schekel, an 30 Zollpfund 17 Neuloth schwer und 917 Thlr. werth.

§. 6.

Der Werth von Schekel, Mine und Kickar Goldes mußte Schwankungen unterworfen sein, sowohl wegen des schwankenden Verhältnisses des Goldes zum Silber, als auch weil es vermuth=lich schon vielerlei Goldlegirungen gab. Wir finden nämlich er=wähnt: 1) sahab tahor (reines Gold) 2. Mof. 25, 38; 2) sahab mufas (geläutertes Gold) 1. Kön. 10, 18, wohl

---

*) wie in den Vereinsthalern geschehen ist. deren Feingehalt an Silber genau ein Neuloth beträgt; ihr faktisches Mehrgewicht von etwa 1$\frac{3}{4}$ Gramm ist ein vereinbarter Kupferzusatz von 10 Procent. während die biblischen Silberbeträge wohl wie die altpersischen, altgriechischen, alt=römischen Silbermünzen keinen solchen absichtlichen und anerkannten Zusatz erhielten, sondern von so reinem Silber waren, als man dieses herzustellen vermochte.

identiſch mit pâs, vielleicht auch mit dem erſteren, zumal dafür in der Parallelſtelle 2. Chron. 9, 17 sahab tahor ſtehet; 3) sahab mesuckak (ebenfalls: geläutertes Gold) 1. Chron. 28, 18, vom zweiten gewiß nicht verſchieden; 4) sahab Ufas Jirm. 10, 9 und ketem Ufas Dan. 10, 5: vermuthlich haben zu dieſer Wort= bildung die Worte Ofir und pâs zugleich beigetragen, ich werde über ſie in meiner Geſchichte des altibräiſchen Handels ausführlich reden; 5) sahab ssagur 1. Kön. 6, 20, von deſſen Bezeich= nung indeſſen noch keine anſprechende Erklärung gefunden worden iſt, obwohl ich nicht unerwähnt laſſen mag, daß im Arabiſchen ssachara bedeutet: Silber vergolden, und auch vielleicht das aramäiſche schegar (anzünden) einen vergleichenden Blick verdient; 6) sahab schachut 1. Kön. 10, 16, deſſen Bedeutung „legirt" Geſenius genügend aus dem Arabiſchen, worin ssachata Wein mit Waſſer verſetzen bedeutet, und durch Vergleichung des hiefür Jeſ. 1, 22 gebrauchten mahul belegt: er hätte noch Martials jugulare Falernum anführen können; 7) sahab Parwajim 2. Chron. 3, 6, nach ·Geſenius aus dem ſanskritiſchen pûrva, wonach es Oſtland bedeute, doch iſt eine anſprechendere Erklärung zu wünſchen, und zwar mit Berückſichtigung der „Parwa=Zelle" Middot 5, 3. Die Erklärung all dieſer Goldarten Joma 44, b und Joma jer. 4, 4 (auch Schemot-rabba K. 35) iſt un= brauchbar, intereſſant dagegen die Notiz in der Miſchna hierzu, daß man grünes und rothes Gold hatte, deren letzteres von größerem Werthe geweſen.

Den Werth des Goldes giebt Herod. 3, 95 als den 13fachen des Silbers an, womit Folgendes auf das Genaueſte ſtimmt.

Von den uns erhaltenen perſiſchen Goldbareiken von unregelmäßig oblonger Form wiegen die großen 16,5 — 16,77 Gramm, die kleinen 8,26 — 8,5 Gramm d. i. 155,5 — 160 Gran; letztere waren die verbrei= tetſten und die eigentlichen Dareiken, die erſteren waren Doppeldareiken. *)

---

*) Treffend ſind Tosifta Schekalim K. 2 die letzteren „Goldſta= teren", die erſteren „Golddareiken" genannt: denn der Silberſtater betrug 4 Drachmen, und grade 4 Drachmen war der Doppeldareikus ſchwer.

Nun sollen 20 Silberdareiken den Werth eines Golddareikus gehabt haben; man hat aber, wie wir oben schon sahen, persische Silberstücke von 205 und von 103 Gran, und diese entsprachen völlig jenen beiderlei Golddareiken, wenn das Gold zum 13fachen Werthe des Silbers angenommen wurde. Denn 20 Silberstücke von 103 Gran enthielten 2060 Gran, und diese durch 13 dividirt, geben $158\frac{1}{2}$ Gran, grade das Mittelgewicht des einfachen Golddareikus; und natürlich stimmt das eben so genau für ihre beiderseitigen Doppelstücke. Zugleich aber zeigt diese Berechnung, daß wie der kleinere Golddareikus der eigentliche war, so auch das ihm entsprechende Silberstück von 103 Gran der eigentliche Silberdareikus gewesen sein muß, wie ich S. 16 angenommen.

Allmälig sank aber in Athen das Gold bis zu dem 10fachen Werthe des Silbers. Bei den Römern hatte dasselbe Anfangs den 15=, später kaum den 12fachen Werth; unter Constantin stieg es jedoch wieder auf den 14fachen. Heutzutage gilt es an $15\frac{1}{4}$ mal mehr als Silber. — Den Widerspruch, daß David für Arawna's Tenne nach 2. Sam. 24, 24 „das Geld von 50 Schekel", aber nach 1. Chron. 21, 25 schiklé sahab mischkal schésch méot gegeben habe, will ein von den Tosafot zu Bechorot 50, a angeführter Midrasch daraus erklären, daß im Buche Samuel 50 Goldschekel gemeint, und in der Chronik diese zu 600 Silberschekel berechnet seien; es bleibt zweifelhaft, ob wirklich im Samuel Gold= schekel gemeint sind, doch jedenfalls der Chronist hat es so aufge= faßt und also dem Golde den 12fachen Werth zugeschrieben. — Daß in der Bibel unter schekel wirklich zuweilen Goldschekel zu verstehen sind, zeigt Jirm. 32, 9 klar, wo der Ausdruck schib,a schekalim waasara hakesef natürlich nicht 17 Schekel bedeu= ten kann (das wäre sonst ganz sprachwidrig ausgedrückt, und ein Feld im Werthe von nur 17 Schekel ist dort auch unwahrschein= lich); aber auch nicht 7 Minen und 10 Schekel, wie Jonatan meint, es stehet ja schib,a schekalim! sondern 7 Goldschekel und 10 von Silber.

In der vorhin erwähnten Stelle hat aber der Chronist dem Goldschekel ganz das Gewicht eines Silberschekel zugeschrieben, und gewiß mit Recht; auch die Mine und der Kikar Goldes scheinen in der biblischen Zeit an Gewicht der Mine und dem Kickar Silber ganz gleich gewesen zu sein. Allerdings könnte Zweifel hieran die Nachricht 2. Sam. 12, 30 und 1. Chron. 20, 2 erwecken, daß der ammonitische König und später David eine Krone von einem Kickar Goldes trug, denn diese wäre sonst über 30½ Pfund schwer gewesen. Ich ver= muthe indessen, daß diese Angabe durch Uebertreibung oder Miß= verständniß entstanden ist, und jene Krone bloß soviel Gold ent= hielt, wie für einen Silberkickar zu haben war, also an 2⅝ Pfund. Daß überhaupt unter „Kickar Goldes" dies zu verstehen wäre, der= selbe also nur etwa den 12. Theil (250 Schekel) gewogen hätte, ist deshalb unmöglich, weil er nach 2. Mos. 38, 24 jedenfalls über 730 Schekel wog, vergl. auch Richt. 8, 26.

Zweites Kapitel.

Die Geldarten, deren nach einander die Juden von ihrer Ab= führung nach Babylonien bis zur Römerzeit sich bedienten.

§. 7.

Im Exil lernten die Juden das babylonische und später das persische Geld kennen. Wir sahen schon S. 23 u. w., daß Schekel und Mine in Babylonien den ibräischen ganz gleich waren, das babylonische Talent aber 6000 Schekel enthielt, doppelt so viele als der ibräische Kickar, und ⅚ des attischen Talentes war, wonach übereinstimmend es in Silber etwa 1834 Thlr. werth war. In Babylonien mochte auch das assyrische Talent in Gebrauch sein, welches nach S. 20 grade doppelt so schwer, und also auch das Doppelte werth war.

Die häufige Behauptung, daß die Perser das babylonische Gewichts= und Geldsystem angenommen hätten, muß ich dahin mo= dificiren, daß sie auch dieses in ihrem Reiche zugelassen haben, aber ein eigenes System für ihr Gewicht und Geld hatten. Wir sahen nämlich schon S. 30, daß sie Goldstücke von etwa 311 bis

315 Gran und Hälften (die eigentlichen Dareiken) von 155½ bis 160 Gran hatten; auch hatten sie Goldstücke von nur 4,₃ Gramm oder fast 81 Gran, also halbe Dareiken; und die schon S. 15 erwähnten Goldstückchen von nur 0,₈₂ Gramm oder 15½ Gran waren vielleicht auch persische, nämlich Zehnteldareiken.*) Von persischen Silberstücken kennt man einige von 240 Gran, dann die schon besprochenen von 205 und 103 Gran nebst Dritteln und Sechsteln der letzten; die von 103 Gran sind die von Xenophon erwähnten und zu 7½ Obolen**) berechneten Siglen, nach S. 31 die eigentlichen Silberdareiken. Gehen wir von diesen letzten aus, welche genau ⁵⁄₄ attischen Drachmen entsprachen, und nehmen wir auch für das persische Talent 6000 dieser Dareiken an, so war das persische Talent ⁵⁄₄ des attischen; dagegen ³⁄₂ des tyrischen, indem die tyrische Drachme durchschnittlich 68½ Gran hatte, grade zwei Drittel des Siglos. Bedenken wir aber, 1) wie sehr diese Verhältnißzahlen durch ihre Einfachheit ansprechen (das persische Talent zum attischen wie 5 : 4, zum tyrischen wie 3 : 2); 2) daß das persische Silberstück von 205 Gran dann gut als Doppeldareikus erscheint, was sich uns übrigens schon S. 31 empfahl; 3) wie wir dort auch schon sahen, daß bei Voraussetzung {des durch Herodot belegten Goldwerthes (13 : 1) das Gewicht des Golddareikus und seines Dupli genau zu dem supponirten Systeme paßt; 4) daß auch zu diesem die zwei vorhin noch erwähnten kleinen Goldstücke passen, wenn wir sie wie gesagt als halbe resp. Zehnteldareiken ansehen — mithin außer dem „persischen" Silberstücke von 240 Gran alle persischen Silber= wie Goldstücke sich einfach auf das angegebene System reduciren lassen: so dürfen wir dieses wohl wirklich als das persische ansehen. (Das Silberstück von 240 Gran möchte hiernach gar kein rein persisches sein; sollten vielleicht, wie die Athener Dekadrachmen, so die Baby= lonier Stücke von 10 Schekel und dann Viertel derselben geschlagen

---

*) In Athen wurden noch viel kleinere Goldmünzen geprägt.
**) Daß Hesychius und Photius dem persischen Siglos 8 attische Obolen gleichstellen, ist wohl bloß ungenau.

haben? 2½ babylonische Schekel wogen grade 240 Gran.) Jetzt wird auch erkannt werden, wie unrichtig zwar nicht, aber wie unzutreffend Hultsch aus Her. 3, 89 schließt, daß im persischen Reiche für Silber das babylonische Talent, für Gold das euböische üblich war. Dort stehet bloß, Darius Hystaspis habe alle Silbertribute in babylonischen Talenten zu liefern anbefohlen, und nur den indischen Goldstaub in euböischen; Jenes geschah vermuthlich, weil seiner Zeit in den allermeisten Provinzen seines Reiches das persische Talent erst sehr wenig, dagegen das babylonische allgemein bekannt sein mußte, die Gründe hiefür bedürfen keiner Erwähnung; und den Indern wurde die Ablieferung in euböischen Talenten vorgeschrieben, oder natürlich in solchen vielmehr, welche dem Herodot als euböische erschienen, weil in Indien solche üblich sein mochten.

Der Silberdareikus von 102¾ Gran war an 9⅙ Sgr. werth; der einfache Golddareikus von durchschnittlich 158¼ Gran, und das Gold zum 13fachen Werthe des Silbers angenommen, an 6 Thlr. 17 Sgr., also das 20fache des Silberdareikus. Jener etwas hohe Goldwerth rührte vielleicht daher, daß die Perser aus sehr feinem Golde prägten, und jedenfalls wurde er hierdurch compensirt.*)

§. 8.

Da nun in den babylonischen Theilen des persischen Reiches das babylonische Gewichts- und Geldsystem Anfangs ohne Zweifel fortbestand, vielleicht aber auch später noch lange sich erhielt, so ist wohl mit Sicherheit Esr. 2, 69**) von ihm zu verstehen, dagegen

---

*) Daß er in Athen gleich dem dortigen Goldstater 20 attische Drachmen, also nur an 5¼ Thlr. galt, ist etwas auffallend

**) Daß dort schon für die Zeit zu Ende des Exils Dareiken erwähnt sind, befremdet etwas, nicht weil erst Darius Hystaspis solche hätte prägen lassen, denn diese Annahme ist unbegründet, Mommsen S. 855 weist frühere nach, und jedenfalls ist Cyrop. 5, 2, 7 schon für Cyrus' frühere Zeit von Dareiken die Rede; sondern weil jene Spende von babylonischen Exulanten kam. Indessen leitet Levy S. 20 gar nicht übel darchon von darach (den Bogen spannen) ab, und giebt ihm

läßt sich nicht entscheiden, ob die Esr. 7, 22. 8, 26. Nech. 5, 15. 7, 71. 72 erwähnten Kikar, Minen und Schekel von babylonischen oder persischen zu verstehen seien. Der Unterschied wäre freilich sehr klein gewesen, denn der Silberdareikus (Xenophon's Siglos) verhielt sich zum babylonischen Schekel wie $102\frac{3}{4}$: 96 Gran, also etwa wie 15 : 14, und natürlich beiderlei Minen und Talente desgleichen. Vom altibräischen System möchte ich jene Angaben in Esra und Nechemja keinesfalls verstehen, denn hätte man dieses nach dem Exil noch gekannt, so wäre schwer zu begreifen, a) daß Nech. 5, 15 der alt=ibräische Schekel, dagegen ib. 10, 33 unter Schekel ein doppelter Silberdareikus gemeint sei, wie uns S. 16 wahrscheinlich wurde; b) wie man dann schon in der ersten griechischen Zeit hätte den Schekel zu 20 attischen Obolen berechnen können, welche fast das dreifache Gewicht hatten! oder c) später eine ibräische Mine von 240 Denaren hätte anlehmen können, wie wir S. 21 sahen. Die Kenntniß des altibräischen Geldgewichtes muß vielmehr bald nach dem Exil, wegen Anwendung des persischen, ganz abhanden gekom=men sein. — Daß in jenen Angaben nur einmal (Esr. 8, 26) 100 Kikar Goldes erwähnt sind, dagegen Esr. 2, 69. Nech. 7, 70. 71. 72 das Gold in Dareiken angegeben ist, kam wohl daher, daß man bei Angabe von Spenden gern große Zahlen mittheilte: die dortigen 61,000 resp. 1000 und 20,000 Dareiken hätten, auf Talente reducirt, nur sehr kleine Zahlen ergeben; vermuthlich

.

die Bedeutung „Bogenschütze", da ja die Dareiken in ältester Zeit einen Schützen aufgeprägt hatten und wirklich von den Griechen oft τοξόται genannt wurden. Nach dieser semitischen Herkunft des Wortes könnte aber der Dareikus babylonischen Ursprunges sein, nur daß die Perser den goldenen wie den silbernen nach ihrem abweichenden Ge=wichtssysteme ausgeprägt hätten. Daß aber laadarchonim Esr. 8, 27 in der LXX εἰς τὴν ὁδὸν übersetzt ist, will Schimko daraus erklären, daß, wer auf eine weite Reise sich begab, Goldmünzen mitnahm, um nicht zu beschwert zu sein; mir scheint es bloß aus einer unberechtigten Rücksichtnahme auf das vermeintliche ibräische Stammwort derech ge=flossen zu sein.

aus demselben Grunde sind Esr. 2, 69 5000 Minen Silber, Nech. 7, 71 2200, ib. V. 72 2000 angegeben, statt sie auf Talente zu reduciren. Jedoch daß für jene 61,000 Goldbareifen von Esr. 2, 69 in Pseudo-Esr. 5, 45 tausend Minen Goldes an= geben sind, ließe sich auf babylonische Minen, von ungefähr 9600 Gran nach Obigem, beziehen: denn da die Dareiken 155½—160 Gran schwer waren, so können sehr wohl 61 Dareiken auf die ba= bylonische Mine gerechnet worden sein, da 61 mal 157⅖ Gran ihr gleichkommen; vielleicht auch hat Pseudo-Esra nur 60,000 Dareiken gelesen, da 60 Dareiken von 160 Gran ebenfalls eine babylonische Mine wogen. — Und in der Angabe des Josephus ant. 11, 1, 3, daß Cyrus den Juden zu Tempelbedürfnissen 205,500 Drachmen angewiesen habe, giebt sich die so gar nicht runde Zahl noch un= zweifelhafter als Ergebniß einer vorgefundenen Reduction zu erkennen; aber welcher? Ich glaube in meiner Geschichte 1, 470 und 482 genügend nachgewiesen zu haben, daß das Schreiben, welches dort Josephus dem Cyrus beilegt, ursprünglich dem Darius angedichtet worden und aus Pseudo-Esra K. 4 geflossen ist; in dem dortigen V. 52 sind aber die Worte ἑπταχαίδεχα .... τάλαντα, δέχα κατ᾽ ἐνιαυτόν völlig unverständlich; und wären deshalb von Je= mandem, wenn auch mit Unrecht, diese 17 und 10 Talente zu 27 zusammenaddirt, so ließe sich daraus jene Josephische Drachmenzahl erklären. Wir sahen nämlich S. 33, daß das persische Talent sich zum attischen wie 5 : 4 verhielt, wonach es gleich 7500 attischen Drachmen war; und 27 persische Talente hätten dann 202,500 attische Drachmen betragen, wie ich anstatt 205,500 lesen möchte.

Uebrigens müssen in der persischen Periode die Judäer auch schon das tyrische Geld kennen gelernt haben, die Nähe von Tyrus und der Nech. 13, 16 bezeugte Handel von Tyriern mit Judäa sprechen hiefür. Die uns erhaltenen tyrischen Selaim (Tetrabrachmen) wiegen meistens 270—272,₃ Gran, steigen aber in einzelnen Exempla= ren bis zu 253,5 Gran herab; Böckh schreibt ihnen ein Normal= gewicht von 274 Gran zu, wonach die tyrische Drachme an 68¼ Gran wog und an 6⅖ Sgr. werth war. Bedeutend erleichtert wurde der Gebrauch tyrischen Geldes neben dem persischen dadurch, daß es von dem Silberdareikus von $102\frac{2}{3}$ Gran Drittel gab und also die tyrische Drachme grade 2 solcher Dareikendrittel betrug.

§ 9.

Bald aber nachdem Paläſtina Alexander dem Großen zuge= fallen war, wurde unter deſſen Autorität in mehreren dortigen Städten in Gold, Silber und Kupfer viel g r i e ch i ſ ch e s Geld ge= prägt, vergl. Levy S. 23 u. w. Die gewöhnliche Goldmünze, Alexandreios genannt, war ein Wenig ſchwerer als der perſiſche Dareikus,*) und als Silbermünzen exiſtirten meiſtens Stücke von einer und von 4 Drachmen; ſie waren nach a t t i ſ ch e m Fuße ge= prägt, den Alexander noch durchgreifender als ſein Vater einführte. Die Numismatiker wollen Alexandermünzen von Scythopolis, von Acco, von Stratons=Thurm, von Soзuſa bei Joppe, von Joppe ſelbſt und von Askalon erkannt haben. In der unruhigen Zeit von Alexanders Tode bis Paläſtina dauernd unter ptolemäiſche Herrſchaft kam, blieb dort das attiſch=makedoniſche Münzſyſtem un= verändert. In ihm, wie in allen griechiſchen Münzfußen, waren wieder 100 Drachmen eine Mine, 60 Minen ein Talent, und auf die Drachme kamen 6 Obolen; die vollwichtige attiſche Drachme ſeit Solon beſtimmt Böckh zu $82{,}2$ Gran, wonach ſie an $7\frac{2}{5}$ Sgr. werth war; doch wurde ſie bald nach Alexander etwas leichter und ſelbſt bis herab zu $75{,}4$ Gran geprägt. Die Silberſtücke von 4 Drachmen, attiſchen und anderen, wurden öfter S t a t e r genannt, und ſelbſt auf die Goldmün= zen wurde dieſe Benennung ausgedehnt; da aber letztere 2 attiſche Drach= men wogen, ſo nannte man den halben Goldſtater auch wohl Goldbrachme. Von der Kupfermünze ($\chi\alpha\lambda\kappa o\tilde{u}\varsigma$) rechnete man 8 Stück auf den Obol; Plin. 21, 109, wo als Gewicht auf den Obol 10 Challus ge= rechnet ſind, dürfte unter dieſem ein ſo kleines Silbergewicht zu

---

*) er wog $8{,}66$—$8{,}8$ Gramm, und ſein Duplum $17{,}20$—$17{,}17$, wogegen die Dareiken $8{,}5$—$8{,}26$ und ihre Duplen $16{,}77$—$16{,}5$ Gramm wogen.

verstehen sein. — Weil aber die Juden, in Judäa wie in der Diaspora, von jetzt an auch Geld von anderen hellenischen wie hellenistischen Münzfußen kennen lernten und gebrauchten, muß ich die wichtigsten von diesen angeben.

Die Seleuciden haben den attischen Münzfuß beibehalten: bis Antiochus IV prägten sie die Tetrabrachme zu 324 Gran, später bis zu 310 herab. Daneben scheint in Syrien, von älterer Zeit her, der schon besprochene tyrische Münzfuß üblich gewesen zu sein, und jedenfalls hat in der Kaiserzeit Antiochien in diesem geprägt, Caveboni 2, 75 ist ein antiochisches Tetrabrachmon des Vespasian von 271 Gran erwähnt. Doch sagt der anonyme Alexandriner K. 18, „das attische Talent sei $\frac{4}{3}$ (ἐπίτριτον) des antiochischen, aber dem tyrischen gleich" gewesen, was nur heißen kann, daß das antiochische Geld $\frac{3}{4}$ des römisch-attischen und tyrischen stand, vermuthlich wegen seines geringeren Silbergehaltes; und denselben Sinn hätte die von Böckh und Hultsch citirte Angabe Pollux 9, 6, daß das syrische Talent ἐδύνατο 4500 attische Drachmen: nur finde ich dort 1500 anstatt 4500, und wir werden bald sehen, daß auch die ptolemäische Drachme unter den Kaisern nur $\frac{1}{4}$ Denar galt. Zu der ersteren Lesart würde leiblich stimmen, daß in dem Stater von $3\frac{1}{4}$ Denar, dessen Bechorot 49, b R. Chanina gedenkt, ein syrischer gemeint wäre; doch werde ich in § 19 zeigen, daß diese Annahme bedenklich ist.

Den Münzfuß der Ptolemäer erklärt Mommsen S. 40 nahezu diesem tyrischen gleich, und Hultsch S. 285 nimmt ohne zwingenden Grund die ptolemäische Drachme zu 3,57 Gramm (etwas über 67 Gran) an, während er selbst gleich dahinter der goldenen ptolemäischen Oktadrachmen von 27,88 Gramm gedenkt, wonach die Drachme nur 3,485 Gramm oder 65,6 Gran wog. Noch unbegreiflicher ist seine Auffassung S. 144. 186 der Angabe des Appian Sic. 2, daß 7000 „alexandreiische" Drachmen auf das euböische Talent gingen. Diese Angabe leidet nämlich an der Schwierigkeit, daß bei der gefundenen Identität des euböischen und des attischen Talentes die alexandrinische Drachme hätte $\frac{6}{7}$ von 82,2 Gran d. i. fast $70\frac{1}{2}$

Gran wiegen müssen; und Hultsch will daher, daß Appian unter der alexandreiischen Drachme den Denar seiner Zeit (von 64,₂₂ Gran) verstanden habe, deren 7000 „nicht viel hinter dem vollen Betrage des attischen Talentes zurückgeblieben" seien. Aber, abgesehen von dem etwas Seltsamen an sich, daß Appian für Denare alexandreiische Drachmen gesagt hätte, sowie davon, daß in dem euböischen Talent von 493,200 Gran an 7680 solcher Denare waren, vergrößert ja Hultsch nur durch seinen Vorschlag die Schwierigkeit, da 7000 Denare von 64,₂₂ Gran natürlich stärker noch als 7000 alexandrinische Drachmen von 65,₆ oder von 67 Gran hinter dem Betrage des euböisch-attischen Talentes zurückblieben. Ich nehme auf Grund der erwähnten goldenen Oktabrachmen für die alexandrinische Drachme 65,₆ Gran an, da Goldmünzen am sorgfältigsten geprägt wurden*); und glaube, daß Appian 7500 alexandreiische Drachmen geschrieben, also 5 derselben 4 attischen gleichgestellt hat, da wirklich $\frac{4}{5}$ von 82,₂ Gran 65,₇₆ sind.

In der Ptolemäerzeit muß es aber neben dieser Drachme noch eine viel größere gegeben haben. Denn 1) wie kamen die LXX dazu, nachdem sie in den 20 Gera des Schekel Obolen erblickt, den Schekel zu 2 Drachmen, den halben zu 1 Drachme anzusetzen, wie S. 8 gezeigt wurde? 2) wie kam Philo dazu (vergl. oben S. 9), in dem Schekel bald 2 bald 4 Drachmen zu erblicken? 3) Festus s. v. talentum erklärt das alexandrinische Talent gleich 2 attischen; 4) Romé fand alexandrinische Drachmen 126 Gran schwer! Als wohl nicht hiehergehörig wird sich uns zeigen, doch muß es erwähnt werden, daß nach Galen p. 789 einige Metrologen die alexandrinische Mine zu 20 Unzen rechneten, und daß Kleopatra p. 767 der ptolemäischen Mine 18 Unzen giebt, welche beiden Angaben zwar Hultsch S. 286 auf „ein vom Geldgewicht abweichendes eigenthümliches Landesgewicht" beziehet, aber mit Unrecht, da es nach Böckh S. 155 u. w. alexandrinische Minen von 150 De-

---

*) Letronne erwähnt auch vorher einfache Golddrachmen von etwa 65 Gran.

naren gab, und in § 27 wenigstens für Palästina Minen von 160 Denaren nachgewiesen werden sollen. — Ich glaube nun, daß die Ptolemäer entweder auch Stücke von 10 attischen Obolen schlagen ließen, welche als große Drachmen cursirten, aber im Grunde alexandrinische Dibrachmen waren, oder umgekehrt alexandrinische Dibrachmen schlagen ließen, welche im Handel mit Ländern attischer Währung 10 attische Obolen galten und große Drachmen hießen: denn eine alexandrinische Dibrachme wog nach Obigem $131,_2$ Gran, und da nach Hultsch S. 173 bald nach Alexander die attische Drachme auf $4,_2$ Gramm, also auf etwa 79 Gran herabgegangen war, so wogen jetzt 10 attische Obolen etwa $131,_6$ Gran. Die LXX meinten wohl dieses Geldstück: sie faßten die 20 Gera des Schekel wie die Judäer als attische Obolen auf, umschrieben ihn aber durch Dibrachmon, durch 2 von diesen großen Drachmen, was dem Gewichte nach genau stimmte. Die Numismatiker wissen, wie oft Dibrachmen bloß Drachmen hießen. Und natürlich konnte daher später Philo den Schekel bald zu 2, bald zu 4 Drachmen ansetzen: jene waren die doppelten, diese die einfachen. Vielleicht erklärt sich auch hieraus, daß der Hellenist Eupolemos (um 140 v. Chr.) in Eusebius' praep. evang. 9, 34 jedem der goldenen salomonischen Schilde das Gewicht von 500 Goldstücken giebt, während 1 Kön. 10, 17 drei Minen dafür angegeben sind: er mag, natürlich ohne Recht, diesen Minen grade so viel Goldbrachmen ($166\frac{2}{3}$) zugeschrieben haben, als die Mine von jenen 10obolligen Drachmen gewöhnliche 6obolige enthielt. — Nunmehr erklären sich auch die alexandrinischen Drachmen, welche Romé 126 Gran schwer fand: es waren diese Doppeldrachmen, nur etwas abgenutzt oder etwas leichter ausgeprägt. Und als später die attische Drachme bis auf das Gewicht des neronischen Denars ($64,_{22}$ Gran) herabsank, mußte das Talent von diesen großen Drachmen als das Doppelte des attischen Talentes erscheinen, was eben Festus berichtet. Die erwähnte Nachricht bei Galen, daß nach Manchen die alexandrinische Mine 20 Unzen wog, könnte ebenfalls daraus geflossen sein, daß man dort einst Minen hatte, welche $1\frac{2}{3}$ der attischen waren: man hätte irrthümlich, das auf das römische Pfund bezogen, da zum Gewicht desselben die attische Mine in Galens Zeit herabgesunken war. Es scheint aber besser, diese Mine von 20 Unzen von dem römischen Centupondium abzuleiten, über welches ich in § 27 sprechen werde: denn so gut wie in Judäa konnte dieses auch in Aegypten Eingang gefunden haben. Dagegen weiß ich nicht zu ermitteln, unter welchem Einflusse nach Kleopatra die ptolemäische Mine das Gewicht von 18 Unzen erhalten haben mag.

Daß aber nach dem anonymen Alexandriner K. 18 das ptolemäische Talent an Gewicht dem attischen gleich, dagegen an Geldwerth nur ¼ desselben war, wird mit Recht dahin aufgefaßt, daß unter den Römern die ptolemäische Drachme an Gewicht der damaligen attischen oder dem Denar gleich gewesen wäre, jedoch wegen ihres geringen Silbergehaltes nur ¼ Denar galt. Hiermit will freilich nicht übereinstimmen, daß dieser Alexandriner später die rhodische Mine für das 5fache der ptolemäischen erklärt, und nach einem griechischen Citate bei Hultsch S. 263 n. 8 die rhodische Drachme ⅜ Denar galt, da hiernach die ptolemäische Drachme gar nur ⅛ Denar gegolten hätte. Allein dieser Widerspruch läßt sich auf doppelte Weise lösen. Es kann sein, daß die ptolemäische Drachme, nachdem sie eine Zeitlang ¼ Denar gegolten, durch weitere Verschlechterung auf ⅛ Denar herabsank, wie wir in § 18 bei dem kesef medina sehen werden. Möglich wäre aber auch, daß der Alexandriner in der ersten Stelle das einfache und das Doppeltalent der Ptolemäer vermengt hat, indem seine Angabe, es sei an Geldwerth ¼ des attischen gewesen, auf das ptolemäische Doppeltalent gehe.

§. 10.

Wir haben gesehen, daß der attische Münzfuß mit Alexander nach Judäa kam, von dessen nächsten dortigen Nachfolgern beibehalten, und auch von den Ptolemäern theilweise angewendet wurde; ich vermuthe sogar stark, daß Letztere einstweilen ganz ihn beibehalten und erst geraume Zeit später, vielleicht als zwischen Alexandrien und

Tyrus ein lebhafter Handel erblühete, den vorhin besprochenen ziem=
lich tyrischen Münzfuß eingeführt haben. Nach Levy S. 26 stam=
men aus dieser Periode Münzen her, die unter Autorität der Herr=
schenden in den schon erwähnten Münzstätten; ferner in Diospolis,
Gaza und Apollonia (nördlich von Joppe) geprägt wurden. Aus
der einstweiligen Herrschaft des attischen Münzfußes in Judäa er=
klärte es sich uns oben, daß nachdem man die 20 Gera auf Obolen
bezogen, doch nicht der Schekel zu 3½, sondern zu 4 tyrischen
Drachmen berechnet wurde; nämlich weil erst 4 tyrische (274 Gran)
3½ attischen gleichkamen.*) Denn, wie oben schon bemerkt wurde,
1½ attische Drachmen als halben Schekel zu entrichten war mühselig:
man wählte darum zu diesen Zahlungen die völlig entsprechenden
tyrischen Didrachmen, und gewöhnte sich in Folge dessen bald daran
die tyrischen Tetrabrachmen als genaues Aequivalent des mosaischen
Schekel anzusehen; die um etwa 6 Gran leichteren ptolemäischen
Didrachmen, welche ohne Zweifel jetzt auch in Judäa cursirten, mag
man als nicht vollwichtige sich gescheuet haben zu Tempelabgaben zu
verwenden; und wenn mit der Herrschaft der Seleuciden über Judäa
(von 203 an bis zu den Maccabäern) der attische Münzfuß wieder
dorthin gedrungen sein sollte, was aber anzunehmen um so un=
nöthiger ist, als neben ihm in Syrien selbst der tyrische herrschte,
wie wir sahen: so war doch jedenfalls diese Herrschaft nur von sehr
kurzer Dauer. Als nun Schimon Maccabäus 138 vor der
gewöhnlichen Zeitrechnung das Münzrecht erhielt und Schekel wie
Schekeltheile prägen ließ, war es daher ganz natürlich, daß er hier=
bei den tyrischen Münzfuß zu Grunde legte: er hielt das Gewicht
des tyrischen Sela wirklich für das mosaische Schekelgewicht.

---

*) Wenn die nach S. 16 seit Nechemja eingeführte Zahlung eines
Drittels des persischen Silberstückes von 205 Gran an den Tempel
unverändert bis zur griechischen Zeit fortgedauert hätte, so wäre es
übrigens ein zu großer Sprung gewesen, alsdann plötzlich 10 attische
Obolen, die grade das Doppelte betrugen, zu entrichten; und ich ver=
muthe daher, daß man in der späteren persischen Zeit wieder den Sil=
berdareikus von 102½ Gran gezahlt hatte.

§. 11.

Sehen wir aber die Münzen dieses Schimon und seiner Nachfolger etwas genauer an, jedoch nur hinsichtlich ihres Gewichtes und
Werthes. Von Silber ließ Schimon ganze und halbe Schekel prägen. Das Gewicht der ganzen finde ich (bei Cavedoni 2, 61. de
Saulcy S. 20. Levy S. 42. 156) zu $14_{,65}$. $14_{,5}$. $14_{,23}$. $14_{,2}$
und $13_{,54}$ Gramm, d. i. zu $275_{,8}$—255 Gran angegeben; das
variirende Gewicht derselben und anderer Münzen, von welchen ich im
Verfolge reden muß, hat zunächst einen doppelten Grund: ihr wirklich
etwas verschiedenes ursprüngliches Gewicht vermöge ungenauer Ausprägung, und die ungleiche Abnutzung, welche die Münzen erfahren
haben; noch weiter wurden die Angaben dadurch verschieden, daß
andere Münzexemplare von den einzelnen Numismatikern gewogen
wurden, auch bei der Wägung gewiß nicht immer dieselbe Genauig-
keit stattfand. Aus jenen 5 verschiedenen Angaben würde für Schimon's Schekel ein mittleres Gewicht von $14_{,22}$ Gramm hervorgehen;
doch war das Normalgewicht einer Münze stets etwas höher als
das mittlere Gewicht der uns erhaltenen Exemplare, da diese alle
mehr oder weniger abgenutzt sind; und man kann daher Böckh's
Schätzung des Normalgewichtes von Schimon's Schekeln zu $14_{,55}$
Gramm oder 274 Gran wohl gelten lassen. Nach dem Silberge-
halt unserer heutigen Thaler wären diese Schekel demnach an
$26\frac{1}{2}$ Sgr. werth gewesen; doch reducirt dies sich danach, daß dem
dazu genommenen Silber $\frac{1}{8}$ Kupfer beigemischt sein soll. Von
ihnen finden sich auch zwei halbe Schekel, welche beide jetzt nur $7_{,1}$
Gramm oder $133_{,6}$ Gran wiegen.

Auch Kupfermünzen von Schimon sind uns erhalten worden,
aber sehr auffallender Art: eine nämlich von 648 Gran mit der
Aufschrift schekel Jisrael; dann mehrere mit der Aufschrift chazi,
doch nur von zweien derselben finde ich das Gewicht angegeben, eine
wiegt nach Bayer 262 Gran, eine andere nach Cavedoni 307
Gran; endlich mehrere mit der Aufschrift rebia, welche nach Bayer
von 184—202 Gran variiren, während Cavedoni 2, 12 dafür

173 Gran angiebt. Was sind kupferne Schekel? Levy S. 45
glaubt, sie seien in großer Finanznoth zur Geltung von silbernen
geschlagen worden: wobei er hätte anführen können, daß nach
Rosch-hasch. 24, b „die Chaschmonäischen Könige" anstatt des
goldenen Leuchters im Tempel aus Noth Anfangs einen von verzinnten
Eisenstäben zusammensetzen ließen. Allein hierbei bliebe noch ihr
Gewicht äußerst. auffallend. Besser nimmt Cavedoni 1, 50 an,
jener ganze Schekel von Kupfer habe durch den Verkehr etwa $\frac{1}{2}$
Gros verloren und also ursprünglich 684 Gran gewogen, $2\frac{1}{2}$ mal
mehr als der Silberschekel ($2\frac{1}{2}$ mal 274 ist 685); und da $2\frac{1}{2}$
Schekel 50 Obolen enthielten, so werde unter der Voraussetzung,.
daß das Silber den 50fachen Werth des Kupfers hatte,*) jener
Kupferschekel einen Obol (eine Maa) vorgestellt haben, desgl. der
Chazi einen halben und der Rebia einen Viertelobol. Nur das
Eine habe ich hiergegen einzuwenden, daß der zu Grunde gelegte
Schekel von 274 Gran der tyrischen Tetradrachme entsprach, und
in $2\frac{1}{2}$ von dieser nicht 50 sondern 60 Obolen waren. Allein die=
serhalb braucht seine ansprechende Erklärung bloß dahin mobificirt
zu werden, daß das Silber zum Kupfer wie 60:1 im Werthe war,.
was nach der letzten Anm. sich ohnehin mehr empfiehlt; und der
Kupferschekel hätte also im Werthe genau einer tyrisch=maccabäi=
schen Maa entsprochen. Auch ist nicht nöthig, einen Schekel von
274 Gran zu Grunde zu legen und deßhalb anzunehmen, daß jener
Kupferschekel den enormen Abgang von 36—37 Gran erlitten habe.
Es kommen von Schimon, wie gesagt, Schekel selbst von nur 255
Gran vor, und legen wir deren von 260 Gran zum Grunde, von
welchen $2\frac{1}{2}$ also 650 Gran wogen, so zeigte jener Kupferschekel nur
2 Gran weniger. Daß alsdann der Chazi 342 resp. 325 und
der Rebia 171 resp. 163 Gran wiegen müßte, bildet keinen

---

*) Vgl. Cavedoni 1, 51, daß geprägtes Kupfer zu Silber in
Athen wie 1:48, in Alexandrien um 146 v. Chr. wie 1:60, in Rom
um 88 v. Chr. wie 1:56 im Werthe war; auch Böckh S. 142 giebt
für Aegypten den Werth des Kupfers zum Silber wie 1:60 an.

triftigen Einwand hiergegen, denn natürlich haben auch die Chazi
Metallabgang erlitten, und freilich wird in Berücksichtigung dieses
Umstandes das Uebergewicht der Rebia noch auffallender: allein
auch bei jeder anderen Auffassungsweise zeigen diese kupfernen Schekel,
Chazi und Rebia thatsächlich in ihrem Gewichte ein Mißverhältniß
zu einander, welches schwerlich anders zu erklären ist, als daß die
Kupfermünzen noch ungenauer als silberne ausgeprägt wurden,
wie wir später noch mehrfach sehen werden. Uebrigens werden
kupferne Schekel selbst noch Sifra 61, a erwähnt. — Endlich haben
sich jüdische Kupfermünzen von 4,₃₇. 4,₉₅. 5,₃. 5,₆. 5,₈. 6,₂ und
7 Gramm erhalten, die Cavedoni 2, 1.2 mit Recht noch diesem
Schimon zuschreibt, da sie die sonst unerklärliche Aufschrift schenat
a r b a lig,ullat Zijon haben: ich werde erst zugleich mit den
folgenden sie zu erklären versuchen.

Zu der Frage, ob Schimon für die Tempelabgabe oder zu
Handelszwecken habe münzen lassen, bemerke ich beiläufig, daß er
natürlich von seinem neuen Gelde auch die Tempelsteuer entrichtet
haben wollte, und deshalb die hiefür üblich gewordene tyrische Wäh=
rung adoptirt hat; daß aber schon seine ganzen Schekel und sein
Kupfergeld die Rücksicht auf den Gebrauch auch im Handel ver=
bürgen. Mit Unrecht hat man daraus, daß für diese Münzen be=
kanntlich die altibräische Schrift gewählt wurde, die Bestimmung
derselben zu heiligem Gebrauche constatiren wollen: diese Schrift
findet sich ja auch auf Schimons Kupfergelde, und es ist ohnehin
kaum denkbar, daß sie für heiliger als die zu Pentateuchabschriften
verwendete Quadratschrift gegolten hätte; ich glaube umgekehrt, daß
sie aus Rücksicht auf den Handel mit den Nachbaren gewählt wurde,
da sie weit mehr als die Quadratschrift mit der phönicischen ver=
wandt ist, welche durch die viel cursirenden Münzen des phönicischen
Handelsvolkes bei allen Nachbarvölkern einigermaßen bekannt war.

§. 12.

Von den Makabäern nach Schimon haben nur Kupfer=
münzen sich erhalten, und Dieselben haben auch wohl nur solche

geprägt; es giebt deren von Jochanan Hyrkanus, von seinen Söh=
nen Juda Aristobulus und Alexander Jannäus, von des Letzteren
Wittwe Alexandra, von ihrem Enkel Alexander II. und von dessen
Bruder Antigonus. Man schlug damals Kupfermünzen anscheinend
von dem allerverschiedensten Gewichte. So werden nicht bloß von
Levy S. 66 kupferne Antigonusmünzen von $14,_2$. $7,_7$. 7 und
$10,_7$ Gramm (also von 267, von 145, von fast 132 und von
201 Gran) angeführt, welche an Gewicht 4, 2 und 3 tyrischen
Drachmen entsprachen; sondern nach den Gewichtsangaben von Cave=
doni 1, 50. 51. 2, 22. 23 sind uns aus dieser Periode auch
Kupfermünzen erhalten worden von 92 — 132 und von 39 — 61
Gran, ferner von $2,_1$. 2. $1,_1$. $0,_9$. $0,_8$. $0,_7$ Gramm. Fügen
wir die vorhin S. 45 wegen der Aufschrift schenat arba dem
Schimon Makabäus zugeschriebenen hinzu, und ordnen sie alle ab=
steigend, der Uebersichtlichkeit wegen sämmtlich auf Grane reducirt,
so finden sich noch Kupfermünzen aus dieser Periode 1) von 116,
109, 105, 100, 92 oder 93 und 82 Gran; 2) von 61—39
Gran; 3) von 39, 37, 20, 17, 15 und 9 Gran: von denen
sub 3) vindicirt Cavedoni die ersten dem Alexander Jannäus, die
leichtesten Alexander II. Er will nun (1, 51) die sub 1) für
Achtel=Obolen, die sub 2) für Sechzehntel des Obol nehmen:
allein welchem Oboltheile sollen die kleinen und kleinsten Münzen
sub 3) entsprechen? auch mochte es angehen, daß er Schimons
kupferne Chazi und Rebia auf den Obol bezog, ihre Benennung
neben dem als Obol erkannten kupfernen Schekel empfahl dies:
aber daß auch alle Münzen sub 1 — 3 Oboltheile gewesen seien,
hat gar keinen Anhalt. Ich glaube vielmehr, daß man von dem
versuchten Systeme, im Gewicht von 2½ Silberschekel Kupfer=Maot
und dann entsprechende Maottheile zu prägen, schon in Schimons
letztem Jahre dazu überging, den einfachen Silberschekel zu Grunde
zu legen, und also größere Kupfermünzen im Gewicht von 4, 3
und 2 tyrischen Drachmen schlug, wie die erwähnten Antigonus=
stücke thatsächlich zeigen, den kleineren Stücken aber das Gewicht
des tyrischen Obol (der Maa) und seiner Vervielfältigungen auf=

wärts bis etwa zu 10 Obolen gab, etwa wie wir Kupferstücke von
1, 2, 3 und 4 Pfennigen haben; 1 tyrischer Obol wog an 11½
Gran, 1½ Obol (¼ Drachme) etwa 17, 2 Obolen 22⅔ u. s. w.,
10 Obolen an 114 Gran. In Erwägung, daß schon die zu Grunde
gelegten Silbermünzen an Gewicht etwas variirten, sowie der bereits erwähnten Umstände, daß die Kupfermünzen noch seltener genau ausgemünzt wurden, und daß sie bald mehr bald weniger
Abgang erlitten, ehe sie den wägenden Numismatikern in die Hände
kamen — stimmen zu dieser Auffassung obige Gewichtsangaben
von 116—9 Gran herab hinreichend*). Bei dem Mangel einer
Angabe des Werthes oder Gewichtes auf diesen Münzen müssen die
an Gewicht sich nahe stehenden sehr leicht mit einander vertauscht
worden sein: aber diese Schwierigkeit bestehet auch für jede andere
Auffassung, und zeigt uns, daß die Kupferstücke damals noch keine
Münze in ihrem vollen heutigen Sinne, von ganz bestimmtem
Werth, sondern halb noch bloße Tauschmittel waren; wir werden
in der Geschichte des altjüdischen Handels sehen, daß zum Theil
mit aus diesem Grunde das Kupfergeld noch Jahrhunderte später
dem Silber gegenüber als Waare angesehen wurde.

Es haben sich Kupfermünzen auch von Herodes und dessen
Söhnen Archelaus und Antipas (die von Antipas in Tiberias geprägt), sowie von Agrippa I und II erhalten; über ihr Gewicht
will ich erst später sprechen, da dieses schon den römischen Einfluß
zeigt.

Noch eine Bemerkung ist aber darüber anzufügen, daß aus
dem langen Zeitraume von dem Tode des Schimon Maccabäus bis
zu dem Aufstande unter Nero gar keine jüdischen Silbermünzen
vorkommen. Für die Zeit bis Herodes erklärt man dies gewöhn-

---

*) Wahr ist, daß auch in Athen nach Alexander dem Großen
Kupfermünzen geprägt wurden, welche von 10—6 und wieder von
4—1 Gramm ununterbrochen in den kleinsten Abstufungen absteigen:
aber ich sehe nicht ein, warum dies aus einer Regellosigkeit der Prägung selbst da erklärt werden soll, wo, wie gezeigt, eine bessere Erklärung
sich darbietet.

lich aus der Armuth des Volkes, ohne aber diese zu beweisen oder
beweisen zu können; auch wäre des Herodes großer Reichthum rein
unerklärlich, wenn das Volk bis dahin so arm war. Und daß
Herodes selbst nur Kupfermünzen prägen ließ, soll auf einmal daher
kommen, daß die Römer in den Ländern ihrer Oberhoheit die Sil=
berprägung nur selten gestatteten: allein schon die Nöthigung, für
die bloße Kupferausmünzung des Herodes einen anderen Grund als
für die der Macabäer annehmen zu müssen, macht diesen verdäch=
tig; und sollte der bei Augustus so gut angeschrieben gewesene
Herodes nicht haben sich zur Silberprägung die Erlaubniß aus=
wirken können, zumal diese anderen Dynasten und Städten mehr=
fach ertheilt wurde? Ich vermuthe vielmehr, daß sowohl unter den
Macabäern nach Schimon wie unter Herodes und seinen Nachkom=
men tyrisches, syrisches, ägyptisches und endlich selbst römisches
Silbergeld so hinreichend in Judäa cursirte, daß kein Bedürfniß zu
eigener Silberprägung da war; wohl aber zur Ausprägung von
Kupfergeld, da dieses zu allen Zeiten viel unzureichender aus der
Fremde eingehet: sind doch selbst die in § 15 zu besprechenden
judäischen Kaisermünzen fast durchgehends nur von Kupfer!

§. 13.

Ehe ich aber zu dem römischen Gelde übergehe, habe ich noch
Einiges nachzutragen. Josephus ant. 2, 3, 3 läßt Josef für
20 Minen verkaufen, während 1 Mos. 37, 28 gewiß nur 20
Schekel gemeint sind; dagegen setzt er ib. 9, 11, 1 für die 50
Schekel von 2 Kön. 15, 20 nicht Tetradrachmen wie anderwärts
(vgl. S. 8), sondern bloß 50 Drachmen. Das Erstere scheint aus
der LXX geflossen zu sein, welche dafür 20 Chrysus setzt, viel=
leicht bloß um nicht Josef für weniger noch, als ein Sklave kostete,
verkauft sein zu lassen. Zu dem Zweiten mag Josephus sich haben
von folgender Betrachtung leiten lassen: er gab ib. 3, 6, 7 dem
alten Kikar 100 Minen, also 10000 Drachmen, rechnete aber wie
gesagt mit ziemlich allen Späteren 4 Drachmen auf den Schekel,
wonach der Kikar 2500 Schekel enthalten hätte, und die 1000

Kidar, welche dort der Affyrerkönig einforderte, 2⅓ Millionen Schekel; diese seien auf das Volk (τὸ πλῆθος, der Urtext freilich sagt gibboré hachajil) repartirt worden, auf den Mann 50 Schekel; und wären nun hierunter wirkliche Schekel zu verstehen, so hätte es ja damals im ganzen Reiche Jisrael nur 50,000 Männer ge- geben! oder dachte Josephus bei diesen 1000 Talenten nur an griechische von 6000 Drachmen, also von 1500 Schekel, so ergab das gar nur 30,000 Männer! und er faßte daher diese 50 Schekel ausnahmsweise als Drachmen auf, um wenigstens 4 mal so viel Männer zu erhalten.

Wir haben aber vorhin vermuthet, daß Josephus seine 20 Minen, um welche Josef verkauft worden sei, aus den 20 „Gold- stücken" der LXX habe; und ebenso für die 61,000 Gold- dareiken von Esr. 2, 69 setzt die LXX Minen. Es scheint hiernach, daß man damals die griechischen Goldstateren von 2 atti- schen Drachmen Schwere und die wenig leichteren Golddareiken zu- weilen „Minen" nannte; Cavedoni 1, 92 u. w. führt hiefür noch Plautus' Rudens 5, 2, 27 sowie den Ausdruck χρυσίου ἐπισήμου μναιαία (νομίσματα) γ auf einem von Letronne erläuterten Papyrus an, und scheint auch darin Recht zu haben, daß 3 Macc. 1, 4, wo Philopators Gemahlin vor der Schlacht jedem Krieger, wenn sie siegten, „zwei Minen Goldes" verspricht, ebenfalls nur Gold- stücke, welche „Minen" hießen, gemeint seien; desgl. wurde nach Pollux 9, 6 der Goldstater Mine genannt, und Hesychius erklärt τετρασάτηρον durch τετράμνουν. Ohne Grund übrigens will Cave- doni unter jenen Minen von 3 Macc. 1, 4 Tetrastateren von Gold verstehen; daß bei „Minen" in diesem uneigentlichen Sinne nur an einfache Goldstateren zu denken ist, zeigt Hesychius' Gleich- stellung von 4 Stateren mit vier Minen, sowie daß die LXX schon für den Dareikus Mine setzten, und ebenso Josephus für den einfachen „Chrysus" der LXX: auch hätte Pollux es erwähnen müssen, wenn er einen 4fachen Goldstater gemeint hätte. Etwas ganz Anderes ist, daß Polemarch bei Hesychius 5 Goldstücke einer Mine gleichstellt: das war die eigentliche Mine von 100 Drachmen,

da der Chryfus 20 Drachmen galt. — Aber nun begreift sich auch, warum
Jonatan zu Jirm. 32, 9 die dort erwähnten 7 Schekel durch Minen übersetzt
hat: wir fahen S. 31, daß dafelbst Goldschekel gemeint find, und
wenn Jonatan in diefen Goldstücke feiner Zeit erblickte, fo konnte er
dafür nach damaligem Sprachgebrauche „Minen" fagen. In der
Wirklichkeit war freilich ein Goldschekel etwas Anderes als ein Goldstater; denn ein mofaischer Schekel Goldes wog nach Obigem 96
Gran, und nach der fpäteren Meinung einen tyrischen Sela von
274 Gran, wogegen die Goldstateren gewöhnlich 2 Drachmen fchwer ausgemünzt wurden. — Weiter fagen Pollux dort und das Etymol. M.
unter τάλαντον, daß fchon 3 Chryfus ein Talenthießen; die Angabe des
Eupolemos in Eufebius' praep. evang. 9, 34, ein Goldschekel
fei ein Talent werth gewefen, erfcheint unhiftorisch. Ob unter den
fchuldigen 10000 Talenten Matth. 18, 24 folche von 3 Goldstücken verstanden wurden, laffe ich jedoch dahingestellt, desgl ob
der goldene Schild von 1000 Minen, welchen nach 1 Macc. 14,
24. 15, 18 Schimon Maccabäus nach Rom fchickte, wirklich 1000
tyrische Minen (an 728 Zollpfund) wog oder nur 1000 Chryfus-
werth war.

Drittes Kapitel.

Das römische und römisch-jüdische Geld.

§. 14.

Das römische Pfund von 12 Unzen wog nach Böckh 6165
Gran d. i. an 19/64 Neuloth, und 80 römische Pfund entfprachen
einem altattischen Talent. Aus diefem Pfunde wurden bis Nero 84
Denare geprägt, wonach ein Denar hätte über 73 Gran wiegen
müffen: doch finden fich fchon von Kaifern vor Nero Denare bis
zu 67 Gran herab, deren geringeres Gewicht nicht ganz aus erlit-

tener Abnutzung zu erklären sein möchte.*) Von Nero an wurden aus dem römischen Pfunde 96 Denare gemünzt, deren Normalgewicht also $64,_{22}$ Gran war: allein es finden sich einzelne Neronische Denare bis zu $57,_{24}$ Gran herab, und von Galba bis Marcus Aurelius wiegen sie durchschnittlich $62,_{7}$, unter Commodus 59, unter Sept. Severus $60,_{6}$ Gran. Gleichzeitig erhielten sie aber auch einen immer stärkeren Kupferzusatz, unter Nero von 5—10 Procent, von 15 unter Trajan, von 20 unter Hadrian, von 25 unter M. Aurelius, von 30 unter Commodus, von 50—60 unter Severus, von 80 unter Gallienus, und unter seinem Nachfolger Claudius Gothicus wurden kupferne Münzen bloß mit einem Silberplättchen überzogen (subaerati, pelliculati); Diokletian stellte zwar das reine Silber wieder her, aber schon wieder im 4. Jahrhundert waren die Denare kaum mit einem Schein des Silbers gefärbte Kupfermünzen oder gradezu nur von weißgesottenem Kupfer, im Werthe von etwa $\frac{1}{4}$ Sgr. — Der halbe Denar hieß Quinarius, auch Victoriatus. Der Sestertius war $\frac{1}{4}$ des Denar, und wurde früher aus Silber, seit Augustus aber aus Kupfer geprägt. $\frac{1}{8}$ des Denar wurde nicht gemünzt, doch kommt es Plin. 30, 30 und öfter als Gewicht vor, und entsprach dem Obol. — Aus dem Pfunde Goldes sollen unter Cäsar und den ersten Kaisern 40 Goldenare (aurei sc. nummi), seit Nero 45 gemünzt worden sein, also zu $8,_{18}$ resp. $7,_{27}$ Gramm; doch wiegt durchschnittlich der aureus des Augustus $7,_{84}$, des Nero $7,_{45}$, des Trajan und Hadrian $7,_{21}$, des Caracalla $6,_{55}$ und — nach längeren argen Münzwirren — der aureus des Diokletian 6 Gramm. Als die

---

*) Die schon früh immer leichter ausgemünzten attischen Drachmen erscheinen unter der Römerherrschaft ganz den Denaren im Werthe gleich, aber nicht in Folge fortgesetzter Gewichtsabnahme, sondern weil vermuthlich seit Sulla Silber in Athen nur noch unter römischer Autorität und in römischer Währung gemünzt wurde. Auch das attische Gewicht wurde hierdurch dem römischen gleich, und Plinius giebt daher nicht bloß 21, 109 der attischen Drachme das Gewicht des Denars, sondern redet auch 12, 32 von 84 Denaren der Mine.

4*

Denare noch nicht entwerthet waren, galt der aurcus 25 derselben, Hultsch S. 232 n. 6 bringt zahlreiche Citate hiefür bei. Constantin scheint Anfangs Golddenare von 6,69 Gramm geprägt zu haben*); später ließ er aus dem Pfunde 72 solidi (also von etwa 4,55 Gramm) prägen, welche Art von Goldmünze lange beibehalten wurde. — Die Grundmünze des römischen Kupfergeldes, der as, wog bekanntlich ursprünglich ein römisches Pfund (nach Mommsen nur 10 Unzen), wurde aber an Gewicht immer mehr reducirt, und wog seit Augustus nur $\frac{1}{4}$ Unze, später immer noch weniger. Anfangs galten 10 As einen Denar, wovon dieser seinen Namen hat, später 16. Als 16 As von je $\frac{3}{16}$ Unze einem Denar von 64,22 Gran gleichstanden, war anscheinend das Werthverhältniß von Kupfer zu Silber etwa wie 1 : 24; allein diese und jede ähnliche Berechnung ist unzulässig, da offenbar für die Reduction des Asgewichtes nicht der jedesmalige Kupferwerth maßgebend gewesen sein kann. Man hatte jetzt auch Stücke von 4 As, die schon erwähnten Sestertien; von 3 As, Tressis; und von 2 As, mit dem alten Namen Dupondius, „Zweipfündige", weil eben der As früher ein Pfund wog. Sodann Theile des As: $\frac{1}{2}$, Semissis oder Semis; und $\frac{1}{4}$, Quadrans oder Teruncius, weil ursprünglich der As 12 Unzen wog; der Drittelas, Triens, soll unter den Kaisern nicht mehr geprägt worden sein.

§. 15.

Nun hatte nach Dio Cassius 52, 30 Augustus für alle Provinzen des römischen Reiches römisches Gewicht, Maß und Münze verordnet, und im Ganzen scheint diese Verordnung befolgt worden zu sein. In Judäa sind, da es 6 n. Chr. römischen Statthaltern untergeordnet wurde, unter Autorität derselben sogenannte Kaiser-

---

*) Große führt S. 253 Goldstücke des Constantin von 378 und von 756 (2 mal 378) Gran auf, also von 20,07 und von 40,14 Gramm, welche scheinen einfache und doppelte „Talente" zu sein, das „Talent" zu 3 Golddenaren.

münzen geschlagen werden, fast nur von Kupfer; wir besitzen deren
von 6—59 n. Chr., geprägt auf die Namen des Augustus, seiner
Gemahlin Julia, des Tiberius, des Tiberius und der Julia zusammen, des Claudius und seiner Gemahlin Agrippina, des Nero und
Britannicus, sowie des Nero allein. Ueber das Gewicht derselben
und der S. 47 schon erwähnten, ihnen ganz verwandten herodeischen
habe ich bloß in Cavedoni. (1, 73—75. 2, 26. 41. 45. 54) Angaben gefunden, er erwähnt: judäisch-augusteische Stücke von $1_{,3}$. $1_{,7}$
2. $2_{,5}$. $2_{,63}$ und 3 Gramm; judäisch-neronische von $1_{,7}$. 2. $2_{,2}$.
$2_{,3}$ und $2_{,4}$ Gramm; dann Stücke des Herodes von $1_{,4}$ und $4_{,8}$;
des Archelaus von 2. $2_{,1}$ und $2_{,68}$; des Agrippa II von $2_{,2}$.
$2_{,6}$. $2_{,7}$. 3. $3_{,1}$ und $3_{,5}$; und von nicht näher genannten Hero-
diern von über 4 Gramm. Der alexandrinische Metrologe und
Kleopatra geben dem Sesterz das Gewicht einer Unze, und entsprechend Letztere dem Dupondius das von 4 Drachmen, wonach
der As noch nicht volle 7 Gramm wiegen müßte: doch mit Recht
nimmt Cavedoni 1, 104 an, daß er unter Augustus etwa 8
Gramm enthielt; die Asse des Tiberius wiegen (nach ib. 1, 111)
7—7_3, und die des Nero (nach ib. 1, 75) sogar $8_{,1}$—$8_{,3}$
Gramm.*) Da nun das Kupfergeld ungenau ausgemünzt wurde,
bald zu leicht, bald zu schwer, und die Abnutzung der uns erhaltenen Stücke natürlich ganz verschieden war, so läßt sich bloß sagen,
daß die schweren von jenen palästinischen Münzen Semisse, die
leichten Quadranten sind; die mittleren werden von den Numismatikern gewaltsam zu diesen oder jenen rangirt, ich weiß aber nicht,
warum man sie nicht für Trienten nimmt, denn mir scheint es
noch lange nicht erwiesen, daß man seit Augustus nicht mehr den
Triens geprägt habe.

---

*) Wieso Mommsen behaupten konnte, die Asse seien an Gewicht
den Dupondien gleich und nur dunkeler gewesen (weil Sestertius und
Dupondius aus Messing geprägt worden seien), begreife ich hiernach
nicht; auch seine eigene Annahme, daß Semis und Quadrans schienen
auf $\frac{1}{8}$ und $\frac{1}{16}$ Unze ausgebracht worden zu sein, spricht etwas dagegen.

Jene Kaisermünzen durfte ich nur als „jüdische" bezeich=
nen, die herodeischen aber sind jüdische. Ferner wurden solche
in dem unter Nero ausgebrochenen Aufstände geschlagen, von dem
Zelotenführer Elasar, von dem Synedrio, von dessen Vorsitzenden
Schimon, auch von Diesem und Elasar gemeinschaftlich*); von

*) Wir lesen Tosifta Maaser-scheni K. 1, man dürfe nicht den
zweiten Zehnten auf eine empörerische Münze (matbea marud) und auf
eine nicht gangbare auslösen, z. B. auf Geld des Benkosiba und jeru=
schalemisches. Maaser-scheni jer. 1, 2: auf eine empörerische Münze
(m. schemarad) dürfe man ihn nicht auslösen, z. B. des Benkosiba;
vom Gelde der Gefahr ließ einst R. Ime den Betrag des gehabten
Genusses ins Salzmeer werfen. B. kamma 97, b: auf nicht gangbares
Geld löse man ihn nicht aus, z. B. des Benkosiba, jeruschalemisches
oder von früheren Königen. Endlich Ketubot jer. 1, 2 werden neben
Severinischen und noch einer anderen Art Selaim, von welchen ich in
§ 19 reden werde, auch jeruschalemische als nicht recht gangbar
erwähnt. Aus der dritten Stelle, wo kosibijot jeruschalmijot ohne
Waw vor letzterem Worte stehet, wollte Zuckermann S. 14 schließen,
daß das Kosibische Geld selbst das jeruschalemische sei, so benannt
davon, daß es in jeruschalemer d. i. tyrischer Währung geprägt wor=
den sei. Allein in der ersten Stelle werden ja ausdrücklich beide unter=
schieden; und Zuckermann selbst erklärt, freilich willkürlich genug, die
jeruschalemer Selaim in der vierten Stelle für das sogenannte „Pro=
vinzialgeld" von 8 mal kleinerem Werth! auch hat Levy gezeigt, daß
das Kosibische Geld bloß umgeprägtes römisches war. Das weggelassene
Waw erklärt sich vollständig daraus, daß dahinter auch noch das Geld
von früheren Königen erwähnt wird. Nach der ersten mitgetheilten
Stelle wurden die Münzen des Benkosiba „empörerische", die jeruscha=
lemischen „nicht gangbare" genannt, womit die zweite Stelle stimmt
und auch die beiden folgenden nicht in Widerspruch sind: denn ad 3
waren natürlich die Empörermünzen auch zugleich nicht gangbar, sonst
hätte man sie ja zum zweiten Zehnten verwenden können; und ad 4
konnte ja das jeruschalemer Geld bald gar nicht gangbar, bald „nicht
recht gangbar" sein. Ich verstehe mit Levy S. 130 unter dem jeru=
schalemer Gelde in diesen Stellen das in dem unter Nero ausgebroche=
nen Aufstande in Jeruschalem geschlagene. Vielleicht wurde dieses später
bloß ungern angenommen, aber nicht ausdrücklich von den Römern ver=
boten wie das Kosibische, da die erste Erhebung ihrer ganzen Beschaffen=

Schimon ben Giora wohl nicht, doch wären meine Gründe für diesen Zweifel hier umsoweniger am Orte, als für meine jetzigen Zwecke dieser Punkt ganz gleichgiltig ist. Es haben sich deren von Silber und Kupfer erhalten, erstere von 13_{18}. 13_5. 13_{75}. 13_9. 13_{85} sowie von 2_4. 3_1 und 3_2 Gramm (Cavedoni 2, 61. Levy S. 91. 157), also von 248—260 resp. von 45. 58 und 60 Gran; kupferne von 2_2. 2_{42}. 2_6. 2_{65}. 2_7. 2_9. 3_{12}. 3_{32}. 3_{35}. 4_6.. 5.. 5_7. 6. 6_5. 7_9. 9_2. 9_3. 9_6 10_8. 11_4. 11_6 und selbst von 33_4 Gramm (Cavedoni 2, 54. 61. Levy S. 92. 157). In diesen fast ununterbrochen von 2_2—11_6 Gramm aufsteigenden Kupfermünzen vermag ich schlechterdings nicht bloß den Dupon-

heit nach m e h r als eine bloße Empörung war, und das in ihr geschlagene Geld daher etwas berechtigter erschien, jedenfalls aber nicht so antirömisch war wie das des Benkosiba, welcher vollständig ein bloßer Rebell war und in seiner Umprägung römischen Geldes obenein die Römer verhöhnte. Ueber das „G e l d d e r G e f a h r" in der zweiten Stelle muß ich aber sowohl von Levy als von Zuckermann abweichen. Letzterer S. 32 will darunter dem Götzendienst geweihetes Geld verstehen: von solchem wird jedoch nie berichtet, und sein jemaliges Vorhandengewesensein ist unwahrscheinlich. Und Levy a. a. O. will darin das Geld des ersten Aufstandes wiedersehen: warum aber sollte dieser ssaccana geheißen haben? und die von Levy dafür citirten Stellen Ketubot 9, 9. Schabbat 19, 1 lehren vielmehr, daß „ssaccana" eine Zeit hieß, in welcher Religionsübungen verpönt waren und bestraft wurden, vgl. Megillat-taanit den 28. Adar und Maaser-scheni 4, 11. Erubin 10, 1 sowie ib. 91, a; in solcher Zeit wurden natürlich auch „heilige" Gelder den Juden weggenommen und gelegentlich von den Römern umgemünzt (vgl. das S. 10 über die Trajansdenare Gesagte), weßhalb man jeden Genuß von den Münzen aus solcher Zeit zurückgewiesen haben wollte. G e i g e r in seiner neuen Zeitschrift 1, 198 u. w. faßt zwar „ssaccana" richtig auf, schränkt aber dieses „Geld der Gefahr" auf Kosibisches ein, um aus dem politischen Verdachte, den es erwecken mußte, sich zu erklären, weßhalb die Juden selbst sich seiner enthalten wollten: allein der bekannte Ausdruck „den Vortheil davon ins Salzmeer zu werfen" stimmt viel besser zu meiner Auffassung, bei welcher obenein jene gewaltsame Einschränkung auf Kosibisches Geld unnöthig ist.

dius, As, Semis und Quadrans zu erblicken, welche resp. ungefähr 16 — 8 — 4 — 2 Gramm wogen, denn nicht ohne die größte Gewaltsamkeit ließen sich auf diese 4 römischen Münzen allein alle jene so sehr abgestuften jüdischen reduciren; und jene von $33_{,4}$ Gramm hält Cavedoni 2, 61 für ein Stück von 5 oder 6 As: aber die Römer schlugen gar keine Kupfermünzen über 4 As! Ich vermuthe, daß die jüdischen Kupfermünzen zwischen den besagten beiden Extremen von $2_{,2}$ und von $33_{,4}$ Gramm z w e i v e r s c h i e =
d e n e n S y s t e m e n angehören. Wir haben nämlich S. 44 ge=
sehen, daß und wie die 648 Gran oder $34_{,4}$ Gramm wiegende große Kupfermünze des Schimon Makabäus eine Kupfer=Maa zu sein scheint; jene nur 1 Gramm weniger wiegende Aufruhrsmünze konnte also ebenfalls eine Maa vorstellen, und dieser gab man 2 Pondion (Dupondien), 4 Assar, 8 Semis, 16 Quadranten, wie die Römer ihrem Kupfersestertius. Allein wir werden unten sehen, daß andere Juden die Maa in 3 Derußa, 6 Hinaz, 12 Schamin theilten: man hatte also zwei Systeme von Kupfergeld neben einander, und v e r f l e c h t e n wir diese, so hatte man
eine Maa von $33_{,4}$ Gramm,
den Pondion = $16_{,7}$ =,

      die Derußa von $11_{,13}$ Gramm,
den Assar = $8_{,35}$ =,

      den Hinaz · = $5_{,5}$ =,
den Semis = $4_{,2}$ =,

      den Schamin = $2_{,8}$ =,
den Quadrans = $2_{,1}$ =;

und nehmen wir hiernach an, daß die zweitgrößte dieser kupfernen Aufruhrsmünzen von $11_{,6}$ Gramm eine Derußa war, so lassen sich natürlich die übrigen bis zu $2_{,2}$ Gramm herab auf Derußa, Assar, Hinaz, Semis, Schamin und Quadrans viel ungezwungener als bloß auf As, Semis und Quadrans reduciren.

Die silbernen Aufruhrsmünzen von 248—260 und von 45—60 Gran will Levy S. 91 und 157 für nachgeprägt den neronischen Denaren von $64_{,22}$ Gran halten; doch ist Tosifta

Ketubot K. 12 das „Jeruschalemer" Geld mit dem tyrischen iden=
tificirt. Indessen, mag ihm die tyrische oder die von ihr kaum
noch verschiedene römische Währung zu Grunde liegen, so ist doch
die Elasarmünze von bloß 45 Gran wohl zu leicht hiefür; sollte
diese vielleicht als ⅔ Denar geprägt worden sein, um dem arabischen
Denar zu entsprechen, der nach S. 23 damals an 48 Gran wog?

In dem zweiten jüdischen Aufstande, unter Benkosiba, scheinen
jüdische Münzen gar nicht neu geprägt, sondern bloß römische, von
Silber und Kupfer, überprägt worden zu sein, und zwar so un=
geschickt, daß ihr primitives römisches Gepräge noch sehr kenntlich ist.
Man hat Münzen von den Kaisern Galba, Vespasian, Titus, Do=
mitian, Trajan und Hadrian, welche damals so überprägt wor=
den sind.

Die Kupfermünzen, welche nach diesem letzten Aufstande die
römischen Kaiser in dem zur colonia Aelia Capitolina ent=
würdigten Jeruschalem prägen ließen, gehen uns nichts an.

Viertes Kapitel.
Die im Talmud erwähnten Geldsorten, meistens römische, doch auch anderweitige.

§. 16.

Kelim 17, 12. B. mezia 25, b. Tosifta B. mezia
K. 2 wird ein Neronischer Sela erwähnt, in der ersten Stelle mit
dem Beisatze, daß er so groß wie ein italischer Pondion sei; ein
Sela, also ein Stück von 4 Denaren, wurde vielleicht nicht in Rom
selbst geprägt, wohl aber in asiatischen Provinzen des römischen
Reiches (vergl. Cavedoni 2, 75). Die Erwähnung Neronischen
Geldes in den mitgetheilten talmudischen Citaten läßt schließen, daß

es als leichter und kleiner *) als das von anderen Kaisern lange in Ruf blieb, wie wir denn wirklich S. 51 sahen, daß von allen Denaren bis Sept. Severus herab die Neronischen die leichtesten waren; doch wäre auch möglich, daß seit Nero's Bestimmung, aus dem Pfunde 96 Denare zu prägen, alles hiernach ausgeprägte Geld Neronisches hieß. — Der Denar von $64,\frac{2}{22}$ Gran war an $6\frac{1}{7}$ Sgr. werth, der talmudische Sela demnach an $24\frac{4}{7}$ Sgr., und die talmudische Mine an 20 Thlr. 14 Sgr.; hierbei ist aber nicht in Anschlag gebracht, daß schon Nero dem Silber einen Kupferzusatz von 5—10 Procent geben ließ, und spätere Kaiser einen immer größeren, siehe S. 51. Hultsch ziehet es vor, bei Abschätzung eines römischen Denars von dem heutigen Goldwerthe auszugehen, besonders seit Nero, weil seitdem das Silber zur Scheidemünze geworden wäre, von jederlei Denaren 25 auf den aureus. Nehmen wir also das Zollpfund Silber zu 30 Thlr. an und das Zollpfund Gold zum $15\frac{1}{2}$ fachen Werth oder 465 Thlr., so erhalten wir für das römische Pfund Gold an $304\frac{1}{4}$ Thlr., für den Neronischen aureus ($\frac{1}{45}$ Pfund) 6 Thlr. $22\frac{4}{7}$ Sgr., und für den Denar etwas über 8 Sgr. Indessen erscheint B. mezia 4, 1 doch vielmehr das Silber als das fixe Geld und das Gold als Waare. — Für Denar wurde übrigens nicht bloß im Talmud häufig und im Syrischen, sondern auch schon im Targum zu 1 Sam. 9, 8 sus gesagt; sein Etymon ist noch nicht ergründet. Dagegen Pea jer. 8, 8 ist der Denar קרט (Quart) genannt, als Viertel des Sela; und Schekalim jer. 2, 3 ist kartin zu denarin hinzugesetzt, damit letztere nicht für Goldenare genommen würden, welche oft den Zusatz sahab nicht erhalten haben. — Der halbe Sela, 2 Denare werth, ist Schekalim 2, 4 und im Jeruschalmi dazu מטבע genannt, wohl als Münze (matbea) schlechthin, indem die Didrachme

---

*) Nach Bechorot 38, a wäre ein Neronischer Sela größer als die sonstigen Selaim gewesen: er war ja aber leichter! auch wird Jenes dort nicht historisch berichtet, sondern zur Beseitigung gekünstelter Schwierigkeiten bloß hingestellt.

der einstigen Tempelabgabe jetzt als Grundmünze erscheinen mochte. Aus ähnlichem Grunde hat Onkelos 2 Mos. 38, 26 und die Mischna Schekalim 2, 1. 2. 6, 5. Maaser-scheni 2, 8. 9 schon den halben Sela tikla und schekel genannt: als Tempelabgabe war „der halbe Schekel" ideell sozusagen zum „Schekel" avancirt. — Wenn an einem Sela Silber fehle bis zu einem Schekel (also die Hälfte), und an einem Denar bis zu einem roba, so durfte man nach Tosifta Maaser-scheni K. 3 den zweiten Zehnten nicht damit auslösen, nach B. mezia 52, a und Tosifta B. mezia K. 3 solches Geld gar nicht bestehen lassen. Schon die Analogie spricht dafür, daß der Roba ein halber Denar war, und in der zweiten Stelle stehet dies ausdrücklich, mit dem Zusatze, ¼ Denar habe vielmehr rebia geheißen; in der Parallelstelle Sifré ki-tsézé stehet für Roba Tarpeïk, den wir aber ebenfalls sogleich werden als halben Denar kennen lernen. Auch stimmt gut hierzu, daß nach Keritut 1, 7 bei einer großen Theuerung der Tauben zum Opfer R. Schimon ben Gamliel sich vorgesetzt, den Preis eines Taubenpaares auf einen Denar herabzubringen, und wirklich bewirkt habe, daß er auf 2 Roba sank: die Verkennung, daß der Roba ¼ Denar war, welche auffallenderweise schon Keritut 10, b erfolgt ist, hat Raschi und die Tosafot B. batra 166, b und öfter zu weitläufigen Erörterungen genöthigt, doch hat Raschi zu Joma 55, b das Richtige. Daß der halbe Denar Roba (Viertel, nämlich des „Schekel") genannt wurde, bestätigt die vorhin aufgestellte Ansicht, daß der „Schekel" von 2 Denaren jetzt als Grundmünze angesehen wurde. Der Roba entsprach also dem Quinarius, der Rebia aber (¼ Denar) dem Sestertius; doch wurde schon erwähnt, daß dieser jetzt nur noch in Kupfer ausgemünzt wurde.*) Daß auch

---

*) Es könnte scheinen, daß der Quinar Erubin 83, a erwähnt sei in der Notiz, daß einst dem „Rabbi" ein Modius voll kunaris zugeschickt worden sei, gleichwie Joma 18, a von einem Tarkab (Maß von 3 Kab) Denare die Rede ist; doch sind wohl κυνάραι, Artischocken, gemeint.

der Joma 35, b. Gittin 45, b. Ketubot 64, a und sonst noch erwähnte Tarpeïk wie schon erwähnt ½ Denar war, sagt die letzte Stelle grade zu; Zuckermann erklärt das Wort gut durch τροπαϊκός = Victoriatus, der mit dem Bilde der Siegesgöttin versehen war und ½ Denar galt.

§. 17.

Nach Ketubot 5, 9 und Chullin 11, 2 wogen in Judäa 5 Selaim soviel wie 10 in Galiläa, womit übereinstimmt, daß nach Terumot 10, 8 in Judäa 10 Sus gleich 5 Selaim von Galiläa waren. Abweichend hiervon sind aber Sifra 109, b 10 judäische Sus 10 galiläischen Selaim gleichgestellt, und freilich ist im Aruch s. v. sela diese Stelle des Sifra ebenfalls dahin citirt, daß 10 judäische Sus 5 galiläische Selaim seien, allein der Aruch hat wohl bloß corrigirt, denn übereinstimmend mit unserer Lesart im Sifra sind Tosifta Terumot K. 9 zweimal hinter einander 10 judäische סוז 10 galiläischen Selaim gleichgestellt, indem Terumot jer. 10, 7 zeigt, daß das Sin für gleich dem Sus oder gar für identisch mit ihm gehalten worden sein muß.

Dort nämlich ist zu der Mischna-Angabe, daß wenn in einem Fasse von 2 Saa voll reiner Fische unreine im Gewicht von 10 judäischen Sus oder 5 galiläischen Selaim sich fänden, die Lake nicht genossen werden dürfe, erläuternd hinzugefügt: „1 Saa ist 24 Log, das Log 2 Litra, die Litra 100 Sin, mithin jedes Sin (col-sin wesin) $\frac{1}{4800}$" — was natürlich nicht stimmt, und sicherlich nur ungenau ausgedrückt ist für: mithin sind die in der Mischna erwähnten 10 Sin $\frac{1}{480}$ (des Fasses von 2 Saa). Aber in der Mischna stehet gar nicht 10 Sin, sondern 10 Sus: der Jeruschalmi muß also beide für gleich oder identisch gehalten haben*), wozu gut stimmt a) daß nur dann Mischna und Tosifta in dem Gewichtsverhältniß des unreinen Fisches zum reinen überein-

_____

*) vgl. Aruch s. v. litr und den alten Randglossator des Jeruschalmi. Kurzweg Sus für Sin zu lesen, wie der Korban-Ahron zu jener Sifra-Stelle und Rabbenu Schimschon wie Tos. Jom-tob zu Terumot 10, 8 thun, ist bedenklicher, da auch in der Tosifta wie gesagt Sin stehet.

stimmen; b) daß der Litra hier 100 Sin zugeschrieben sind, und der mit ihr (wie wir noch sehen werden) identische mancH 100 Sus enthielt.

Daß also nach Tosifta Terumot K. 9 10 judäische Sin 10 galiläischen Selaim gleichgestellt sind, stimmt ganz zu unserer auffallenden Lesart im Sifra, daß 10 judäische Sus gleich 10 galiläischen Selaim sind. Welche Angabe ist aber nun die richtige? waren 10 judäische Sus gleich 5 oder gleich 10 galiläischen Selaim? Ich glaube: gleich 5, wie die Mischna angiebt, denn daraus, daß man gezeigtermaßen schon 2 Sus einen Schekel nannte, gewöhnlich aber Schekel als Sela aufgefaßt wurde, kann es leicht entstanden sein, daß man in Galiläa schon den Schekel von 2 Sus Sela nannte;*) daß man dort aber schon den einzelnen Sus Sela genannt hätte, läßt gar keine Erklärung zu, und daß man nach Bechorot 50, b an manchen Orten gar schon den halben Sus Sela genannt habe, beruhet auf etwas ganz Anderem, wovon unten. In der Angabe in Sifra und Tosifta, daß 10 judäische Sus oder Sin 10 galiläische Selaim seien, kann ich nur einen Irrthum erblicken, der Verfasser oder der Abschreiber; auch mag der Fehler in der einen Stelle den in der anderen veranlaßt haben. Uebrigens

---

*) Seltsam erklärt Zuckermann S. 12 dies daraus, daß Galiläa so fruchtbar war! Gar in Frankel's Monatsschrift 1855 S. 158 ist die Mischna Schekalim 2, 4 dahin aufgefaßt, der Sela habe später nur den Werth des früheren halben Sela gehabt; und das sei daher gekommen, daß mit dem Uebergauge der Herrschaft über Palästina von den Ptolemäern auf die Seleuciden dort an die Stelle der alexandrinischen Drachme die nur halb so große attische getreten sei. Diese Erklärung ist wahrhaft wunderlich, denn 1) hat Schekalim 2, 4 offenbar nicht jenen Sinn; 2) die attische Drachme war damals noch nicht so viel leichter geworden, die Hälfte der alexandrinischen zu bilden, dies erfolgte vielmehr erst unter den Römern; 3) die Seleuciden hatten die vollwichtige attische Drachme; und 4) warum sollte denn nicht auch der Sela von Judäa, sondern bloß der galiläische, auf die Hälfte reducirt werden sein, da doch auch Judäa unter die Herrschaft der Seleuciden gerieth?!

combinire ich das Wort sin mit dem arabischen wasana wägen, wasn und sina Gewicht: der Denar oder die Drachme war das üblichste kleine Gewicht; und mir scheint, daß man die Münze Sus oder Denar nannte, ihr Gewicht aber Sin. Man hatte also in Galiläa einen Sela von nur 2 Denaren, und dieser muß Tosifta Edujot K. 1 gemeint sein, wo $1\frac{1}{2}$ Minen (150 Denare) 75 Selaim gleichgestellt sind.

§. 18.

Die Benennung Stater für Tetrabrachme ist im Talmud zu istéra oder astéra corrumpirt, natürlich aus istatera.*) Indessen auch der nach S. 60 $\frac{1}{2}$ Denar werthe Tropaik ist Ketubot 64, a durch istér erklärt, desgl. Gittin 45, b, und es gab also Stateren im Werthe eines halben Denars, wie auch Kidduschin 11, b stehet; Chullin 44, b heißen diese istéré peschité, und entsprechend werden Ketubot 65, b. 67, a Denare von 8 mal geringerem Werth susé peschité genannt, sozusagen „Pfennigsstateren", „Pfennigsdenare", da B. mezia 16, b. 63, b peschité wohl Kleingeld bedeutet. Bechorot 50, b heißt dieses viel geringere Geld kesef medina, „Landgeld" im Gegensatze zum tyrischen, und demgemäß ist B. kamma 36, b zwischen tyrischem und Land=Sela, ib. 90, b zwischen tyrischer und Land=Mine unterschieden. Maimuni h. ischut 10, 8 erklärt es daraus, daß dem Silber dieser geringen Stateren und Denare $\frac{7}{8}$ Kupfer beigemischt gewesen sei, was sehr plausibel ist, denn wir sahen schon S. 51, daß wirklich allmälig eine so starke und noch stärkere Legirung des Silbers bei den Römern stattgefunden, ja daß deren Denare am Ende nur Kupferstücke im Werthe von $\frac{1}{4}$ Sgr. waren. (Von solchen sind wohl die 100 Denare für Pfeffer zu einem

---

*) Seltsam ist Rapaport's Vermuthung im Erech millin s. v., daß die talmudische Benennung von einem darauf geprägten Stern oder davon herrühren möge, daß die Münze auf den Namen der Königin Ester geprägt worden sei.

Gaſtmahl im Midrasch Echa 59, a zu verſtehen, da ſchon
Plinius 12, 14 den Preis der verſchiedenen Arten Pfeffers zu
bloß 15, 7 und 4 Denaren für das römiſche Pfund angiebt). Der
obige Ausdruck kesef medina entſpricht dem der moneta pro-
vincialis, welcher daher zu ſtammen ſcheint, daß früh ſchon die
Provincialen ſchlechteres Silbergeld als die Römer ſelbſt geprägt
haben mögen; und S. 141 wurde uns aus anderweitigen Angaben
wahrſcheinlich, daß einſt die ptolemäiſche Drachme $\frac{1}{4}$ oder wirklich grade nur
$\frac{1}{8}$ Denar galt.*) Den Ausſpruch des R. Aſſi Bechorot 50, b,
daß alle rabbiniſchen Geldſätze von dieſem kesef medina zu verſtehen ſeien, kann ich übrigens nicht als authentiſche Deutung an-
ſehen (denn viele rabbiniſche Geldanſätze ſind aus älterer Zeit als
dieſes Achtelgeld, und vergl. die talmudiſche Nachricht, welche ich
am Schluſſe von § 22 beleuchten werde), ſondern bloß als ſpätere
Reduction in Folge von ſtark zugenommener Armuth oder zur
Strafmilderung.

§. 19.

Ketubot jer. 1, 2 ſind als nicht recht gangbare Münzen
von R. Jochanan selaim Severinijot טהגיונות (oder מהגינות)
Jeruschalmijot angeführt. Daß die erſten von dem Kaiſer
Sept. Severus, welcher von 193 bis 211 regierte, ihren Beinamen
hatten, iſt wohl zweifellos; und Zuckermann erklärt den ſchlechten
Ruf ſeiner Silbermünzen gut daraus, daß unter ihm die Beimi-
ſchung von Kupfer bis 60 Procent geſtiegen war. Weniger gut
will er den dunkelen Namen der zweiten vermittelſt Emendation auf
einen illyriſchen König Monunios zurückführen, von welchem ſich
eine Silbermünze von nur $10,_{26}$ Gramm (an 193 Gran) erhalten
hätte; ſeine Münzen habe man als zu leicht nicht gemocht, da der
Sela hätte an 257 Gran wiegen müſſen. Nicht beſſer freilich iſt

---

*) Im 15. Jahrhundert verſchlechterte ſich der franzöſiſche Livre
zufällig auch auf ein Achtel ſeines ehemaligen Werthes.

der Vorschlag von Levy S. 128, auch das klare Severinijot aufzugeben und zu lesen Neronijot méhegemonot Jeruschalmijot (Neronische Münzen, geschlagen von Jeruschalemer Anführern). Ich weiß nicht den Namen völlig zu erklären, vermuthe aber, daß dessen erste Silben das persische maha (groß) sind und auf parthische Münzen hinweisen, welche ebenfalls nach Eckhel 3, 542 von sehr geringhaltigem Silber waren. Daß endlich die „Jeruschalemer Selaim" Revolutionsmünzen waren, wurde schon S. 54 gezeigt. — Der Rest dieses Paragraphen und die beiden folgenden widme ich der Besprechung auswärtiger (nichtrömischer) Silbermünzen, welche in der talmudischen Literatur erwähnt werden.

Was für Denare unter den דינרי סיאנקי des Babyloniers Mar Ukba Ketubot 67, b oder ד' ויינקי, wie dafür Aruch gelesen, zu verstehen sein mögen, konnte ich nicht ermitteln. Zuckermann führt an, daß nach Vullers lexicon pers.—lat. 2, 489 eine Goldmünze von 17 Drachmen in Chorasan siani geheißen habe: aber diese Vergleichung liegt zu fern, und auch im syrischen Lexicon ist ssinka als Münze aufgeführt.

Bechorot 49, b ist ein Jster סרמיא erwähnt, deren 8 einen Golddenar gälten, also im Werthe von 3⅛ Denaren: sein Werth erlaubte wohl die Annahme, daß ein syrischer Stater gemeint sei, denn nach S. 38 stand dieser in der Kaiserzeit 3 Denare; aber es haben dort Raschi und Tosafot für seinen Beinamen die abweichenden Lesarten ssusrita und ssasweria, die ich freilich beide nicht entziffern, aber auch nicht als aus dem so bekannten ssurssia entstanden mir denken kann.

Mit dem zuletzt besprochenen Jster im Werthe von ⅛ Golddenar will übrigens Zuckermann den Bechorot 11, a zu 3 Sus angegebenen Rigja identificiren, denn man habe den Golddenar auch zuweilen bloß zu 24 Denaren berechnet. Aber schon die Heranziehung dieser ungewöhnlichen Berechnungsweise ist mißlich, und nicht wahrscheinlich ist auch, daß eine Münze zwei Namen gehabt hätte, bis dies genügend erwiesen ist; ich lege daher zwei andere Erklärungen zur Wahl vor. Entweder nämlich dürfte der Rigja der S. 16 besprochene persische Doppelsiglos von 205 Gran sein, da dieser genau 3 tyrischen Drachmen entsprach; und rigja wäre vielleicht das Wort regia, wie die Römer sehr wohl im Osten eine parthische Münze genannt haben können. Oder, da im Targum zu Spr. 16, 11 das ibräische peles (Gewicht) durch rigja übersetzt ist, so mag dieses wie schekel für Tetrabrachme genommen worden sein, aber für die ältere arabische, denn wir sahen S. 23, daß diese an 192 Gran gewogen haben muß, also genau 3 römischen Denaren entsprach.

Ketubot 13, 11 ist Geld von Kapotkia (Kappadocien) erwähnt; Sifra 61, a Schekalim von Babylonien, Medien, Kappadocien, Geld von Babel auch Ketubot 110, b. Tosifta Ketubot K. 12. Aus der citirten Mischna Ketubot 13, 11 schließt der Jeruschalemer Talmud dazu, daß das palästinische Geld besser als das aller Länder gewesen sei, der babylonische aber faßt sie entgegengesetzt auf, daß nämlich dieses Geld schlechter als das kappadocische gewesen wäre; aus den uns erhaltenen koppadocischen Münzen aus der Römerzeit, welche natürlich allein hierbei zu berücksichtigen ist, kann dies nicht entschieden werden, denn nach Mommsen S. 711 stieg der kappadocische Denar bis zu 3,56 Gramm, war also meistens leichter, und der römische Denar, welcher damals „das paläftinische Geld" war, wog 3,41 — 3,64 Gramm und zuweilen noch darüber. — Durch die hieraus erwiesene Bekanntschaft der paläftinischen Juden mit kappadocischem Gelde wird übrigens die Meinung Zuckermanns um so ansprechender, daß der „dinar Kusrana", welcher nach Aboda-sara 6, b einft dem R. Jehuda Nessia geschenkt wurde, aus Cäsarea, der Hauptstadt von Großkappadocien, gewesen sei; er fügt hinzu, die Römer hätten im Allgemeinen den Provinzen keine Goldprägung verstattet, und nur von diesem Cäsarea kenne man Goldmünzen, weshalb eine solche als Seltenheit möge jenem R. Jehuda verehrt worden sein.

§ 20.

Schebuot jer. 6, 1 und öfter im Talmud wird die Maa die kleinste Silbermünze genannt; sie war $\frac{1}{6}$ des Denar, also gleich dem Obol; und da die Römer keine Sechstel des Denars prägten, so gehörte sie dem auch cursirenden tyrischen, griechischen und arabischen Gelde an. Oft ist im Talmud für Maa Danka gesagt; bei den Arabern war Danak $\frac{1}{6}$ Dirhem, und nach Passow soll δανάκη eine persische Münze von wenig über einen Obol gewesen sein, vielleicht insofern nach oben S. 33 der Silberdareikus $\frac{5}{4}$ der attischen Drachme wog. Das Wort Danka bedeutete vielleicht ursprünglich, jedenfalls aber später, „ein Sechstel" schlechthin: Schabbat 35, a kommt es von $\frac{1}{6}$ Meile, und bei dem Armenier Anania von $\frac{1}{6}$ Unze vor. — B. mezia 60, b wird der Fall gesetzt, daß zuweilen 100 und zuweilen 120 für einen Danka zu haben seien: Raschi verstehet darunter Perutot, während doch nur 32 oder 24 von diesen in der Maa waren! und nicht besser ist die dortige Auffassung der Tosafot hiervon. Sollten nicht 100 resp. 120 Früchte gemeint sein? — Unter maot wurde übrigens Maaser-scheni 2, 8. 9 und öfter Kupfergeld verstanden, vermuthlich weil das Kleingeld maot genannt wurde; und B. batra 105, b stehet daher gar 100 maé für 100 Perutot.

Ueber den Maaser-scheni 2, 9 und Edujot 1, 10 erwähnten Asper hat Zunz S. 542 eine Anzahl Meinungen zusammengestellt: nach R. Natan sei er $\frac{4}{5}$ „des Silberstücks" gewesen*), nach Maimuni ein Dirhem, nach Rabad eine Maa**), nach Parchi

*) Rapaport im Erech millin s. v. aspar will im Aruch für $\frac{4}{5}$ $\frac{1}{5}$ lesen, und nach Geiger in seiner neuen Zeitschrift 1, 204 enthält seine Handschrift des Aruch wirklich he für chet.

**) Maimuni wie Rabad in ihren Commentaren zu Edujot 1, 10; zu Maasser-scheni 2, 9 sagt auch Maimuni Maa, er nennt diese hier Dirhem, wie Pea 8, 5. Bechorot 8, 6. Keritut 1, 7 Darkemon. Noch sei hier erwähnt, daß Rapavort a. a. O. aus Kleuker anführt, im Zend habe der Dirhem asprena geheißen.

etwas weniger als $\frac{1}{2}$ Denar, nach Bartenora der neugriechische Asper; endlich Haj Gaon wolle dafür azpere lesen und dies durch chatichot (kleine Scheidemünze) erklären. Zunächst habe ich hierzu zu bemerken, daß Du Cange den Hesychius und noch zwei andere Gewährsmänner dafür anführt, daß der Asper gar ein Denar war. Hierzu stimmt aber jene Mischna nicht, nach ihr muß er durchaus weniger als ein Denar gewesen sein; ja, wie in ihr die vier ersten Aussprüche immer absteigende Werthe angeben — nach Bet-Schammaj durfte man in Jeruschalem für einen ganzen Sela des zweiten Zehnten Kupfergeld einwechseln, nach Bet-Hillel nur für die Hälfte davon, nach den Folgenden nur für $\frac{1}{4}$, nach R. Akiba nur für $\frac{1}{8}$ *) — so ist doch wahrscheinlich auch R. Tarfon's Angabe absteigend, nämlich daß von dem 4. Denar des Sela gar 4 Asper Silbergeld bleiben müßten, wonach aber offenbar noch nicht einmal 4 Asper zusammen einen vollen Denar werth gewesen sein können. Nun ist hiernach die Erklärung des Parchi abzuweisen, die des R. Natan wohl gleichfalls, und die des Haj Gaon ohnehin. Dagegen stimmen Maimuni und Rabad überein, der Asper sei eine Maa; auch Josef Karo Joreh-dea 294, 6 stellt der Maa den „ottomanischen" Asper gleich, und giebt darum diesem das Gewicht von 16 Gerstenkörnern, sowie den Werth von $\frac{1}{4}$ Dirhem, jenem ägyptischen ohne Zweifel, den Maimuni für $\frac{2}{3}$ Denar erklärt, wonach $\frac{1}{4}$ desselben $\frac{1}{6}$ Denar war. Gleichwohl kann Maimuni nicht genau ihn für eine Maa gehalten haben, denn sein Zusatz, er wisse nicht, wieviel Asper der Sela enthielte, hätte sonst keinen Sinn: er wußte ja, daß im Sela 24 Main waren; und Bartenora sowie vor ihm schon R. Schimschon schrieben dem Denar 5 Asper zu, wonach er $1\frac{1}{5}$ Maa gewesen wäre; wogegen nach Zunz S. 548 Binjamin Seeb fand, daß erst 7 Asper 96 Gerstenkörner wogen, derselbe also bloß $\frac{6}{7}$ Maa war. Ich halte hier-

*) Die verschiedenen Lesarten in R. Akiba's Votum emendire ich einfach in urebiit kesef urebiit maot, denn rebiit ist gleich dem roba, welcher nach S. 59 $\frac{1}{4}$ Schekel oder $\frac{1}{2}$ Denar war.

nach dafür, daß Gewicht und Werth des Asper im Mittelalter etwas schwankten und daher umsoweniger für den Werth von R. Tarfon's Asper entscheidend sein können. Fest steht uns bloß, daß er eine damalige kleine griechische Silbermünze war, und mehr als 4 derselben auf den Denar gingen: hiernach aber kann es kaum zweifelhaft sein, daß er ein Obol oder eine Maa war.

Diese Frage bleibt nur übrig, warum dann R. Tarfon nicht die jedenfalls viel üblichere Benennung „Maa" gebraucht habe; und ich denke daher hiervon so: Wie in jener Mischna jeder Folgende die Erlaubniß, von dem Gelde des zweiten Zehnten Kupfergeld einzuwechseln, nicht bloß immer mehr einschränkt, sondern grade auf die Hälfte des vom Vordermanne zugestandenen Quanti reducirt, so mag auch R. Tarfon das Achtel des R. Akiba haben auf $\frac{1}{16}$ herabsetzen wollen: allein das ging nicht, denn dann hätten von dem letzten Denar des Sela noch $4\frac{1}{2}$ Maa müssen Silbergeld bleiben, da 3 Denare und $4\frac{1}{2}$ Maa $= \frac{15}{16}$ Sela sind, und halbe Maot von Silber gab es nicht; wohl gab es Vierteldenare, die Sestertien, von den Juden rebia genannt, deren 3 den $4\frac{1}{2}$ Maa entsprochen hätten: aber wie schon gesagt diese Sestertien wurden längst nur noch von Kupfer geprägt. Und 5 Maa mag dafür R. Tarfon auch nicht haben sagen wollen, um nicht gar zu sehr die Einwechselung von Kupfergeld einzuschränken. Aus diesem Grunde scheint er mir auf die weniger üblichen Asperen gekommen zu sein. „asper", rauh, nannten die Römer neue, noch nicht durch den Gebrauch glatt und leichter gewordene Münzen; und Griechen wie Juden scheinen diesen Ausdruck aufgenommen zu haben, Jene für Drachmen und Obolen, weshalb wir sahen, daß zuweilen auch die Drachmen so genannt wurden, die Juden vielleicht nur für ihre Maot. Nun sagt Hesychius (in einem Citate bei Du Cange § 96) ausdrücklich, die παχεῖα δραχμή (die dicke Drachme) habe mehr als 6 Obolen gegolten, und nach meiner Auffassung seiner Worte λεπτὰς καὶ παχείας, λεῦκος ἐν νόμοις, τὰς δραχμὰς κτλ. scheint er selbst sogar den Leukos (Asper) mit der παχεῖα identificirt zu haben, wozu sowohl die etwas größere Dicke wie der größere Glanz

($\lambda\varepsilon\upsilon\varkappa\acute{o}\tau\eta\varsigma$) von neugeprägtem Gelde gut paßt.*) Ebenso werden natürlich auch neue Obolen und neue Maot etwas mehr als alte gegolten haben, und R. Tarfon, da er nach Obigem $4\frac{1}{2}$ Maot nicht sagen konnte, hat dafür 4 Asper gesagt, welche ihnen ganz nahe kamen oder völlig gleich waren. Vergl. auch, daß Schabbat 66, b dem „weißen Eus" ein von dem gewöhnlichen verschiedenes Gewicht zugeschrieben ist.

§. 21.

Ich kann es nicht vermeiden, über die Münze לקן noch weit= läufiger zu reden. Zunz sagt S. 541, es werde „im Paläftinischen Talmud (Maaser-scheni 1**), vergl. Mezia 4, 1) der gol= dene Denar in $62\frac{1}{2}$ Lackan getheilt". Hiernach wäre dieser gleich $\frac{1}{5}$ Silberdenar gewesen: aber ich suche den Oedipus, welcher mir enträthsele, wie aus diesen Jerufchalmi=Stellen das hervorgehe. Die zweite sagt mit Rücksicht auf das Zinfenverbot; „man darf einen Denar gegen einen Denar borgen, auch einen Quart gegen einen Quart, aber nicht einen Lackan gegen einen Lackan". Vermuthlich wurde hier für Silberdenar Quart gesagt (vergl. S. 58), weil daneben der Golddenar bloß durch Denar bezeichnet wurde; und das bloß entnehme ich aus dieser Stelle über den Lackan, daß sein Cours schwankte, denn das erwähnte Verbot ist nur so erklärlich, daß, während man einen Gold= oder Silberdenar borgen dürfe, um später die nämliche Münzforte zurückzuzahlen, was wegen ihres festen Courses keinen Zins involvirte, mit dem Lackan dies nicht geschehen solle, weil bei der Rückzahlung der Darleiher sozusagen Zins erhielte, wenn inzwischen der Lackan gestiegen war; vergl. B. mezia 45, a, wo R. Jochanan aus dieser Beforgniß selbst das Borgen eines Golddenars nicht haben will. Die citirte erstere Stelle des

---

*) Hultsch S. 134 hält die $\pi\alpha\chi\epsilon\tilde{\iota}\alpha$ für die äginäische Drachme, womit sich aber schwerlich Hesychius' Worte vereinigen lassen.

**) Dort kommt schlechterdings nichts vom Lackan vor, und Zunz hat ohne Zweifel ib. 4, 1 citiren wollen.

Jeruschalmi aber redet davon, daß wer zweiten Zehnten auslösen wolle, hiefür nicht den höheren Preis seines Wohnortes anzunehmen brauche, sondern ihn an einem Orte von niedrigerem Preise aus=löfen dürfe. In dieser Beziehung ist nun dort zunächst gesagt: „man darf (daran) bis zum Schekel, bis zum rebiit verdienen" — was freilich sehr räthselhaft klingt, ich komme darauf zurück. Dann: „Wie macht es einen Denar?" auf folgende Art: „wenn es hier 2000 stehet, und in Arbela 2000 und einen Lackan, und man muß 50 ribbo ausgeben, es hinzubringen*), so gebe er es hier für 2000 und 50 ribbo hin." Wie in aller Welt kann hierin liegen, daß ein Golddenar 62½ Lackan ist? — Ehe ich selbst aber den Werth des Lackan aus dieser Stelle deducire, muß ich Zucker=mann's Auffassung derselben hieherstellen, er sagt S. 29: „Hier=„nach ist ein Golddenar in einem Theile Paläftina's 2000 Pe=„ruta, in einem anderen Theile, Arbela, 2000 Peruta + 1 Leu=„kon werth, so haben dort 250 Golddenare einen Werth von „500,000 Peruta, in Arbela aber 500,000 Peruta + 250 „Leuka. Nun besagt diese Stelle ferner, daß man an 250 Gold=„denaren 2000 Peruta, als den vierten Theil des Mehrbetrages, „in Arbela verdienen kann. Es müssen daher 250 Leuka = 8000 „Peruta sein, d. h. 1 Leukon = 32 Peruta." Er fährt fort, Leukon sei also gleich Asper, der nach Rabad eine Maa sei; auch diese enthalte 32 Peruta, Asper aber komme her von ἀςπρός das „weiß" bedeute wie λευκόν. Ich habe über die Jeruschalmi=Stelle Zuckermann's eigene Worte hiehergesetzt, weil sie mir fast unver=ständlich geblieben sind; gegen das, was ich von ihnen verstehe, habe ich ungemein Vieles einzuwenden: 1) dort ist ja von ab=weichenden Preisen der dem zweiten Zehnt unterliegenden Producte die Rede, nicht von verschiedenen Coursen des Golddenars! 2) auch Zunz freilich S. 539 faßt die 2000 dieser Stelle von Perutot

---

*) für die Richtigkeit dieser Auffassung bürgt die Beftimmung der Mischna zu dieser Talmudstelle, daß man die Transportkosten selbst tragen müsse.

auf: aber wer sagt denn „zweitausend" und meint 2000 Perutot, ohne dieses zum Verständniß unerläßliche Wort hinzuzusetzen? 3) nach Perutot in großen Summen wurde nicht gerechnet; 4) nirgend und niemals stand ein Golddenar 2000 Perutot, auch nicht 2000 „Doppelperutot", wie Zuckermann schon S. 18 gemeint hatte, son= dern, je nachdem 32 oder 24 Perutot auf die Maa und 25 oder 24 Denare auf den Golddenar gerechnet wurden (wovon unten), galt der Golddenar 4800 oder 4603 oder 3600 oder 3456 Pe= rutot! 5) wer wählt „zum Beispiel" ein so ganz enorm großes Zehnt von 250 Golddenaren? das würde ja einen Ernteertrag von 2500 Golddenaren d. i. von 62,500 Silberdenaren voraussetzen! 6) wie kann Zuckermann reden von „in Arbela verdienen"? die Worte dejahéb leh hacha zeigen ja, daß er es „hier hingiebt"! 7) wäre לקין aus Leukon gebildet, so wäre wohl das ev schwerlich ganz verloren gegangen. Zuckermann's Erklärung ist also entschie= den abzuweisen.

Eine genauere Ergründung dieser räthselhaften Stelle wird vielmehr zeigen, daß der Ladan eine Goldmünze gewesen sein muß. Zuerst behaupte ich, daß unter den 2000 müssen Sestertien (re= biim) verstanden werden: es ist bekannt, daß die Römer besonders gern nach Sestertien rechneten und nur diese meinten, wenn sie die Geldsorte nicht angaben; von ihnen mögen dies auch die Juden angenommen haben. — Was sind aber die 50 ribbo Transport= kosten? der Ribbo kann schon hiernach offenbar nur einen sehr mä= ßigen Werth gehabt haben, und noch klarer wird uns dies aus Maaser-scheni jer. 1, 2, wo der Fall gesetzt ist, daß Jeman= dem sein Geldbeutel, worin 100 ribbo waren, in eine Grube ge= fallen sei, und dessen Heraufholen 50 ribbo gekostet hätte. Da in beiden Stellen eine Myrias irgend welcher Geldsorte schlechter= dings keinen Sinn giebt, so erscheint mir ribbo vermöge einer im Dialekt des Jeruschalmi so häufigen Corruption aus ריבעא ent= standen, und also als ¼ Denar oder der Sestertius wiederum, wo= nach auch der Schluß unserer Stelle besser paßt, nämlich dann nicht sagt: 2000 (einer verschwiegenen Münzsorte) und 50 Ribbo, son=

dern 2050 Ribbo; der Ausdruck „ein Kleid für 30 ribbo dinar"
Kilajim jer. 9, 1 bestätigt dies vollkommen. — Nun aber frage
ich: 1) wer, der nicht der beispielloseste Knauser ist, wird bei Aus=
lösung eines Vorrathes im Werthe von 2000 Sestertien oder 500
Denaren und 1 Lacdan es berücksichtigen, daß er ihn anderswo um
⅔ Denar (Zunz) oder um 1 Maa (Zuckermann) weniger auslösen
kann? 2) was hälfe ihm dieser armseligste Gewinn, wenn er da=
gegen 50 Sestertien (12½ Denar) Transportkosten zu zahlen hätte?
Es ergiebt sich mir hieraus klar, daß der Lacdan wenigstens mehr
als 50 Sestertien werth, und also jedenfalls ein Goldstück gewesen
sein muß. — Nun aber war diese ganze Stelle mit der Frage
eingeleitet worden: „wie macht es (der Gewinn von der Auslösung
an fremdem Orte) einen Denar?" Nothwendig muß diese Frage sich
darauf beziehen, daß in der Tosifta Maaser-scheni K. 4 ge=
sagt ist, nach R. Jehuda dürfe man daran ein reba, nach R.
Elasar „bis zum Denar" verdienen. Ersterer kann in reba nicht
gemeint haben ¼ Denar oder ¼ Schekel, sondern nur ¼ des Wer=
thes, da im Jeruschalmi etwas später R. Jehoschua ben Lewi da=
für „⅙ des Werthes" daran zu verdienen erlaubt; und nun wird
auch klar sein, daß die vorherigen dunkelen Worte des Jeruschalmi,
man dürfe daran bis zum rebiit verdienen, denselben Sinn haben,
dagegen seine ohnehin unbegreiflichen Worte vorher, man dürfe
daran bis zum Schekel verdienen, corrumpirt sein müssen. Dagegen
R. Elasar stellt als Maximum des zulässigen Verdienstes nicht irgend
einen Bruchtheil des Werthes auf, sondern einen Denar, offenbar
einen Golddenar, wofür auch schon Zunz und Zuckermann den hier
erwähnten Denar genommen haben.*) — Nehmen wir nunmehr an,
daß ein Lacdan 2 Golddenare betrug, so ist die ganze Stelle den
Worten und ihrem Inhalte nach völlig correct. Nämlich sie fragt:

---

*) Da der Jeruschalmi die Worte mistackér etc. als Boraita giebt,
so vermuthe ich, daß er sie aus der Tosifta, jedoch verkürzt, aufgenom=
men und geschrieben hatte: Tane mistackér hu adam ad dinar (nach
R. Elasar), mistackér hu adam ad rebiit (nach R. Jehuda), später
aber irrthümlich für dinar schekel gesetzt worden ist.

wie konnte (nach R. Elasar) der Gewinn einen Golddenar betragen? in folgender Weise: hier (in Judäa) war der Verrath 2000 Sestertien werth, aber in Arbela (in Galiläa), wo der Besitzer zu Hause war, betrug sein Werth 2 Golddenare mehr; er wollte ihn also gern in Judäa auslösen, aber der Transport dahin kostet ihm 50 Sestertien: er hat ihn daher hier für 2050 Sestertien hinzugeben (auszulösen), und die 50 Sestertien Kosten hinzuaddirt, hat er immer noch einen Golddenar erspart, indem jene $50 + 50$ Sestertien auch grade einen Golddenar betragen. Die doppelten Golddenare waren vielleicht weniger üblich als die einfachen, oder zum Verkehr weniger brauchbar, und mochten daher Coursschwankungen unterliegen, wie ich oben das am Lakan nachgewiesen.

§. 22.

Von selbst hat uns der Lakan zu den im Talmud erwähnten Goldmünzen übergeführt. Gewöhnlich wurde, wie von den Römern, der Golddenar 25 Silberdenaren gleichgestellt, z. B. B. kamma 4, 1. B. mezia 44, b. Bechorot 50, a. Tosifta Maaserscheni K. 5; zuweilen aber nur 24, Kidduschin jer. 1, 1 in einer Boraita und schon Meïla 6, 4. Zuckermann S. 18 hält jenes Plus von 1 Denar für Agio, welches nach Schekalim 1, 7 eine halbe Maa auf den „halben Schekel" (2 Denare) betragen habe: aber abgesehen davon, wie ganz seltsam diese Auffassung ist, hätte ja dann das Plus 12 Maa oder 2 Denare betragen müssen! Es könnte sein, daß der aureus bloß deshalb zuweilen zu 24 Denar berechnet wurde, um für ¼ Pfund Silber zu gelten, oder weil er dafür galt, und trotz der jetzigen Gleichheit von Mine und Pfund sowie von Drachme und Denar, gleichwohl der Mine 100 Drachmen, dem Pfunde aber nur 96 Denare zugeschrieben wurden. Vielleicht aber auch rührt jene Differenz von dem Schwanken des Goldwerthes und des Gewichtes beider Münzen her; den Denar Silbers zu 64,22 Gran und den Golddenar zu 137*) Gran angenommen,

---

*) Es haben sich Golddenare des Trajan von 137 und von 135 Gran, des Hadrian von 136 Gran erhalten.

hätte das Verhältniß von 25 : 1 einen etwa $11\frac{5}{7}$ mal, und das
von 24 : 1 einen ziemlich $12\frac{2}{3}$ mal höheren Goldwerth constatirt.
Im Verkehr mußte der Preis des Golddenars noch vielfältig sich ab=
stufen; jene Angaben, daß er 25 resp. 24 Denaren gleich war,
scheinen darauf zu beruhen, daß zuweilen der Preis für eine Zeit=
lang sich fixirt hatte oder von den römischen Behörden für Zahlungen
in die Staatskasse fixirt worden war. Zu 25 Denaren war der
Golddenar an 5 Thlr. $3\frac{4}{7}$ Sgr., dagegen zu dem heutigen Gold=
werthe nach S. 58 an $6\frac{3}{4}$ Thlr. werth. Man hatte auch doppelte
Golddenare nach § 21, desgl. halbe, welche wie die von Silber
quinarii genannt wurden, unter diesem Namen aber im Talmud
nicht vorkommen. Nach Tosifta Meïla K. 2 könnte es scheinen,
daß letztere schalisch genannt worden wären: allein die Benen=
nung „Drittel" paßt natürlich für sie nicht, und es ist dort wohl
wie in der Parallelstelle Meïla 6, 4 scheloscha oder scha-
losch zu lesen, in dem Sinne von 3 Selaim, indem hier der
Golddenar zu 6 Selaim (24 Denar) berechnet wurde. — Das
Gittin jer. 5, 7 am Ende erwähnte srimissin ist nicht mit dem
Aruch in tressisin zu emendiren, sondern ist der Tremissis,
$\frac{1}{3}$ des Goldnummus oder Solidus, was auch allein dahin paßt;
er kommt auch Midrasch Echa 61, a vor. Bei einem Ge=
wichte von $\frac{1}{72}$ des römischen Pfundes war der Solidus nach heuti=
gem Goldwerth an 4 Thlr. $6\frac{1}{2}$ Sgr. werth. — Nach Chullin
138, a gab es Geldstücke von 10 Selaim oder 40 Denaren: das
können nur Goldstücke gewesen sein, vermuthlich Viertel der unten
in § 27 zu besprechenden Mine von 160 Denaren, wie die Gold=
denare Viertel der gewöhnlichen Mine von 100 Denaren vorstellten.
— Der Bechorot 49, b erwähnte arabische Golddenar war nach
S. 9 $17\frac{1}{2}$ römische Denare werth, also an $3\frac{7}{12}$ Thlr.; ungenau
ist in Freytags Lexicon sein Werth auf ungefähr einen Dukaten
bestimmt. — Im Jeruschalmi Joma 4, 4 und Chagiga 3, 8
sowie im Rabba Wajikra K. 7. Bemidbar K. 12. Schir-
hasch. 22, a ist ein gorbienischer Denar erwähnt; Ketubot
jer. 7, 7 stehet dafür ein turbienischer, Menachot 29, a ein

turbilenischer, und Chullin 54, d ein turbinäischer. Daß es ein Goldbenar war, zeigt Menachot a. a. D. Auf einen der Kaiser Gordianus beziehet sich sein Beiname nicht, da 1) schon R. Jose bar Jehuda und R. Hoschaja (Menachot und Chagiga jer.) ihn erwähnten, welche beide vor 237 lebten, wo der erste Gordianus Kaiser wurde; und 2) Chullin a. a. D. erzählt ist, Seeri habe zu den Babyloniern gesagt: ihr, die ihr nie einen italischen Jssar gesehen, nehmet dafür zum Maßstabe, einen turbinäischen Denar, welcher wie eine kleine Beschita (wohl ein Sus, vergl. S. 62) und zwischen dem Gelde von Pumbebita zu finden ist. Er mochte, wie schon Raschi glaubt, aus Gordiene (Karduchien) stammen und seiner Kleinheit wegen weithin bekannt sein; nach Ketubot jer. 7, 7 war er an Größe nur wenig von dem gewöhnlichen halben Goldbenar verschieden. — Unter der „Litra Golbes", womit nach B. kamma jer. 8, 8 Resch Lakisch eine Beleidigung bestrafte, ist ein römisches Pfund Goldes, wie wir in der nächsten metrologischen Abhandelung § 2 bestätigt sehen werden, im Werthe von etwa 1125 Silberdenaren zu verstehen; auf das fast Dreifache des B. kamma 8, 6 zu 400 Denaren normirten Sühngeldes erkannte er, weil sie einem Gelehrten zugefügt war.

§ 23.

Wir kommen nunmehr zu den Kupfermünzen im Talmud. Kidduschin jer. 1, 1 wird von R. Chija berichtet, der Denar sei 6 Maot, die Maa 2 Pondion, der Pondion 2 Jssar, der Jssar 2 Mesumis, dieser 2 Korbiontes (später stehet dafür Korbintes), dieser 2 Perutot, von welchen Perutot also 32 auf die Maa kämen. Und ebenso stehet Tosifta B. batra R. 5, nur daß dort die beiden vorletzten Münzen Masmas und Kuntris genannt sind; desgl. Kidduschin 12, a, wo diese Musmis und Masmas, Kuntrukan und Kuntrunk heißen. Die Identität von Pondion, Jssar, Mesumis und Korbiontes mit den römischen Kupfermünzen Dupondius, As, Semis und Quadrans erscheint zweifellos, denn es spricht dafür: 1) die Klangesähnlichkeit, welche sich hernach uns noch größer

erweisen wird, als sie so schon erscheint; 2) die übereinstimmende
Reihenfolge derselben in beiderlei Geldsystemen; 3) daß in beiden
übereinstimmend je die folgende Münze die Hälfte der vorherigen
war; 4) daß ja damals auch der Gebrauch der römischen Silber-
und Goldmünzen in „Palästina allgemein war; 5) daß gradezu
Kidduschin 1, 1 der Issar und Kelim 17, 12 der Pondion
„italisch" genannt sind. Daß die jüdischen Benennungen etwas abweichen, kann nicht befremden, da sie als fremdländische leicht schon
bei ihrer Aufnahme und im lebendigen Gebrauche, gewiß aber auch
noch von Abschreibern der obigen Stellen Corruptionen erlitten,
daher sie in jenen Stellen selbst stark variiren. Einige von diesen
Corruptionen lassen sich noch weiter erklären. So will nicht übel Zuckermann die Form Mesumis für Semis von $\dot{\eta}\mu i\sigma\varepsilon\nu\mu\alpha$ (Hälfte) ab-
leiten. Und der Quadrans ist Matth. 5, 26 in $\varkappa o\delta\varrho\alpha\nu\tau\eta\varsigma$ um-
gebildet, es wurde daher vielleicht gar nicht Korbiontes oder
Korbintes, sondern Kobrintes gesagt; die Form Kuntrunk mag, wie
schon Zunz vermuthet hat, aus Kobr und Teruncius (wie der
Quadrans ebenfalls hieß) verschmolzen sein. Endlich daß die Juden,
ehe sie Assar in Issar verwandelten, für den As die alte römische
Form assarius zu Grunde legten, dieses geschah auch von Griechen,
weil entweder zur Zeit der Aufnahme diese Form üblicher war, oder
die römische Bezeichnung des gesammten Kupfergeldes durch assarius nummus (weil es ganz auf dem As basirt war) hierauf
influirt hatte.

Ich mußte aber von jenen jüdischen Kupfermünzen ihre Identität mit den römischen, obwohl sie gar nicht bestritten wird, ganz
außer Zweifel stellen, weil der Umstand, daß sie gleichwohl einander
nicht im Werthe entsprechen, sonst die Vermuthung nahe legte, daß
die ohnehin stark abweichenden Benennungen gar nicht identisch seien.
Denn auf den Denar kamen bei den Römern 8 Dupondien, 16
As, 32 Semis, 64 Quadrans, dagegen bei den Juden 12 Pondion, 24 Issar, 48 Masmas, 96 Korbintes! Diese sachliche Differenz erkläre ich mir aber so: Bei den Römern wurde wie schon
gesagt das Gewicht des As immer mehr reducirt, von einem Pfunde

Kupfer endlich auf $\frac{1}{2}$ Unze herab, und die beibehaltene Fixirung des As als 16. Werththeil des Denar entsprach offenbar gar nicht seinem Kupferwerthe, sobaß das römische Kupfergeld vielmehr einen rein conventionellen Werth hatte. Als nun die Juden dasselbe kennen lernten, wurde es ziemlich ganz als Waare betrachtet, und man sollte darum eigentlich nicht sagen: die Maa enthielt 4 Jssar, sondern daß ihr gewöhnlicher Cours 4 Jssar war, denn der Denar (6 Maa) galt bei ihnen auch nicht immer 24 Jssar, sondern nach Tosifta B. mezia K. 3 zuweilen 30.*) Nur aus demselben Grunde möchte die auffallende Angabe Polyb. 2, 15, 6 zu erklären sein, daß $\frac{1}{2}$ römischer As gleich $\frac{1}{4}$ Obol sei, wonach in jener früheren Zeit schon 12 As einer Drachme entsprachen, obwohl diese damals noch an Gewicht den Denar übertrafen. Daß nach Du Cange später wieder nur 12 As auf den Denar gerechnet wurden, scheint auf talmudische Angaben keinen Einfluß gewonnen zu haben. — Neben dem Tressis (3 As) von Sepphoris ist Tosifta Maaserscheni K. 4 auch einer von Tiberias, und später eine Kupfermünze von Golan (in Baschan) angeführt, deren Werth aber sich nicht ermitteln läßt, weil die Stelle offenbar corrumpirt ist; übrigens findet sich dort und Tosifta B. mezia K. 4 für Tressis auch die Form Turessis.

§ 24.

Nun wurde aber schon oben erwähnt, daß es damals in Judäa noch ein ganz anderes Kupfergeld gab. Nämlich hinter der

---

*) Weniger gehört hieher, daß nach Kidduschin 12, a der Jssar gewöhnlich zu 8, von Anderen aber nur zu 6 Perutot berechnet wurde: S. 80 wird sich uns hiefür eine bessere Erklärung ergeben. Jedenfalls unrichtig erscheint mir aber die dortige talmudische Auffassung, daß stets 192 Perutot auf den Denar gekommen seien, und die Gleichstellung des Jssar bald mit 8, bald mit 6 Perutot von einem Steigen und Fallen desselben herrühre, sobaß im ersten Falle ihrer 24, im zweiten 32 für einen Denar zu bekommen gewesen wären: woher sollte eine constante

vorhin aus Kidduschin jer. !, 1 mitgetheilten Stelle, nach
welcher die Maa 32 Perutot galt, ist hinzugefügt: dagegen nach
R. Schimon ben Gamliel habe die Maa 3 Dorßim oder Derußot
gegolten, diese 2 Nizim, der Nizim 2 Schamin, und dieser 2 Peru=
tot, wonach auf die Maa nur 24 Perutot kamen; Dasselbe stehet
Tosifta B. batra R. 5 und Kidduschin 12, a, nur sind die
Münzen in der ersteren von diesen Stellen Habras und Habris,
Haniz und Chinaz, in der zweiten ebenso Habras und Habris, aber
Hinaz und Hanaz genannt. Die sachliche Variante des Aruch
s. v. Habris, daß die Maa 2 Habris war, dieser 2 Haniz, dieser
3 Schamin, hat alle jene drei alten Stellen gegen sich. Zucker=
mann S. 25 u. w. will „Habras" corrumpirt oder transponirt
aus dem lateinischen hordeum (Gerste) sein lassen, wie man möge
auch für die siliqua (Johannisbrodbohne) gesagt haben, deren
1728 auf das römische Pfund, und also 18 auf den Denar
gingen, grade wie 18 Habras dem Denar zugeschrieben wurden;
ein Denar hätte aber 36 Hinaz enthalten, also der Sestertius
9 Hinaz, und dieses Wort sei als ¼ des Sestertius schon im Ersch
und Gruber mit ἐννεάς (Neunzahl) identificirt worden; endlich der
Schamin, als ¹⁄ₜₜ Denar, habe seinen Namen daher, daß er ein
„Achtel" von ⅛ Denar war. Man kann bei solchen Erklärungen
wirklich den wissenschaftlichen Ernst kaum bewahren, doch entgegne
ich: 1) Niemand konnte die Johannisbrodbohne Gerste nennen!
2) wäre dies auch geschehen, so wäre es wieder etwas ungewöhn=
lich gewesen, eine Kupfermünze nach dem Gewichte zu benennen,
welches ein Silberkorn von gleichem Werthe gehabt hätte; 3) gab
es ja faktisch keine römische Münze im Werthe von ¹⁄₈ Denar,
weder von Kupfer, noch von Silber! und 4) einer so gewaltsamen
Erklärung zuliebe sollten wir das in allen Varianten dieses Namens
und in allen Stellen seiner Erwähnung übereinstimmend vorkommende

Fixirung des Denar zu 192 Perutot kommen? und ein Steigen und
Fallen des Issar limitirt sich doch nicht bloß auf zwei Course von 24
resp. 32 Issar für den Denar!

dr für transponirt aus rd erklären? Mein drittes Argument spricht übrigens zugleich gegen die mitgetheilte Erklärung von Hinaz und Schamin: die Numismatik der Römer weiß nun einmal auch von keinem $\frac{1}{9}$ Sestertius und von keinem $\frac{1}{17}$ Denar! 5) wer wird denn $\frac{1}{9}$ Sestertius „Neunzahl" nennen? oder 6) wer $\frac{1}{17}$ Denar ein „Achtel"? und 7) warum sollte der Hinaz als Bruchtheil bloß des Sestertius, dagegen seine Hälfte, der Schamin, als Bruchtheil auch des Denar benannt worden sein? endlich 8) wer mag glau=ben, daß in demselben Kupfergeldsystem die erste Benennung (hadras) aus dem Lateinischen, die zweite (hinaz) aus dem Griechischen, die dritte (schamin) aus dem Semitischen stamme? Diese Erklärungen sind insgesammt völlig bodenlos, und da ich freilich keine besseren von diesen Benennungen zu geben weiß, so scheinen sie mir ihres ganz fremden Klanges wegen einem östlicheren Münzsysteme anzugehören, etwa dem parthischen oder assyrischen. Die Angabe Kidduschin 12, a und ib. jer. 1, 1, erst in den Tagen des R. Simai habe man dem Issar 8 Perutot resp. der Maa 32 zuerkannt, ist an sich schon unbegreiflich, hat aber außer= dem Kidduschin 1, 1 und viele andere Stellen der Mischna gegen sich.

Man irrt nun aber wohl nicht, jenen Schamin mit dem schamuno zu identificiren, wodurch Matth. 5, 26 und Mark. 12, 42 der Syrer Kodrantes übersetzt, zumal da dem Schamin wie dem Quadrans 2 Perutot zugeschrieben werden. Doch halte ich darum nicht schamin oder schamuno für ein syrisches Wort, das „Achtel" bedeute und etwa dem griechischen Chalkus entspräche, deren 8 auf den Obol gingen: denn im Syrischen wie im Chal=däischen hat dieser Wortstamm vorn ein Taw, kein Schin, und in der mit dem Obol identischen Maa waren nach den obigen Citaten vielmehr 12 Schamin; sondern wie Derußa und Hinaz, zu deren System es gehörte, muß auch Schamin ein fremdländisches Wort sein. Es ist kein Grund vorhanden, das von R. Schimon ben Gamliel berichtete Derußa = System nicht für viel älter zu halten; und es ist sogar unwahrscheinlich, daß unter der Römerherrschaft verstattet worden wäre, ein fremdes Geldsystem neu einzuführen: ich halte es daher vielmehr für ein älteres, von dem römischen ziemlich verdrängtes, aus welchem sich nach S. 56 das auffallende Gewicht vieler Kupfermünzen aus der Zeit des ersten jüdischen Aufstandes gut erklären läßt.

Der fremde Ursprung dieses Kupfergeldsystemes löst auch noch zwei Schwierigkeiten in Betreff der Perutot, nämlich 1) wie überhaupt die Juden dazu gekommen seien, die kleinste römische Kupfermünze (den Quadrans) noch einmal zu halbiren; und 2) da nach S. 58 der Denar an $6\frac{1}{4}$ Sgr. und also die Maa etwa $10\frac{1}{4}$ Decimalpfennige werth war, so betrug die Peruta in dem ersten System etwa $\frac{4}{12}\frac{1}{8}$ Pf., in dem zweiten etwa $\frac{4}{6}\frac{1}{6}$: ist es aber gut denkbar, daß man überhaupt zweierlei Perutot gehabt, oder gar solche gehabt hätte, die kaum $\frac{1}{9}$ Pfennig von einander verschieden waren? Ich vermuthe daher, da peruta ein ibräisches Wort ist, daß jenes ältere Kupfergeldsystem nur bis zum Schamin herabging, die Juden aber, nachdem sie es angenommen, aus Aermlichkeit auch noch halbe Schamin prägten, die sie perutot nannten; daß sie später jedoch, als in Judäa und Syrien römisches Kupfergeld geschlagen wurde, auch für den Quadrans 2 jener Perutot gaben und nahmen, obwohl er als 16. Theil der Maa eigentlich nur $1\frac{1}{2}$ Perutot werth war, wogegen Manche in Berücksichtigung dieser kleinen Differenz ihn wirklich nur zu $1\frac{1}{2}$ und also den Issar nur zu 6 Perutot berechneten, wie Kidduschin 12, a zeigt.*) Es wäre sogar möglich, daß weil einmal die Peruta in Judäa üblich war, ausnahmsweise dort die römischen Münzstätten auch Perutot geprägt hätten, zu $\frac{1}{2}$ Quadrans: doch wahrscheinlich ist dies nicht, und es scheint vielmehr, daß die von früher her in Judäa übliche Peruta allmälig

---

*) Hieraus erklärt sich vielleicht auch, daß Tosifta Maaser-scheni K. 4 ein Treſſis (3 As) von Sepphoris gleich 2 Pondion erscheint, während er doch eigentlich nur $1\frac{1}{2}$ Pondion betrug: war nämlich einmal üblich geworden, den Treſſis zu 24 Perutot zu berechnen, so konnte, wer den Iſſar zu 6 Perutot und also den Pondion zu 12 berechnete, den Treſſis gleich 2 Pondion erachten.

aus dem Gebrauche schwand und nur noch ideell die kleinste Kupfer=
münze war, denn wie überflüssig wäre sonst die Erklärung Kidduschin 1, 1: „wieviel ist eine Peruta? ⅛ des italischen Issar"!
auch spricht dafür die Wendung ib. 12, a, R. Simai habe die
Peruta für ⅛, andere Lehrer hätten sie für ¼ des italischen Issar
„geschätzt" (schiér, schiaru)*); desgl. der Ausdruck Matth.
5, 26: „du wirst nicht von da herauskommen, bis du den letzten
Kodrantes bezahlest", wonach zur Zeit des Schreibers vielmehr der
Quadrans die kleinste Münze gewesen zu sein scheint. Ich erblicke
kein Gegenargument in der Weise, wie Kelim 14, 1 R. Elieser
Perutot erwähnt: er scheint darunter dort kleine Scheidemünze
im Allgemeinen verstanden zu haben, was als analog dem Ausdrucke
haporét sela ganz zulässig erscheint, und wirklich sagt er ib. 3, 2
dafür schiuro bifruta ketanna, der Zusatz ketanna ist
nur aus der soeben supponirten Verwendung des Wortes peruta
erklärlich.**) Verwandt hiermit ist, daß Pesachim 50, b und
Midrasch Schir hasch. 15, a peruta Geld schlechthin bedeutet.

Noch sei hier erwähnt, daß während Matth. 5, 26 und
Mark. 12, 42 der Kodrantes von dem Syrer durch schamuno
wiedergegeben ist, Luk. 21, 2 der Syrer auch für 2 λεπτά 2
schamuno setzt, wonach Lepton, Schamuno und Quadrans alle
drei gleich gewesen wären; daß hiermit aber Mark. 12, 42, wo
gesagt ist: λεπτα δύο, ὅ ἐστι κοδράντης, nur dann nicht streitet,
wenn gegen die gewöhnliche Annahme, daß in diesen Worten 2

---

*) Offenbar ist dieser Wortlaut der Angabe im babylonischen Tal-
mud richtiger als der in Kidduschin jer. 1, 1, daß „in den Tagen
des R. Simai auf die Maa 32 Perutot gegangen seien, unsere Lehrer
aber sie zu 24 auf die Maa gemacht" hätten.

**) Die Angabe Kidduschin 12, a (aus Sifra 62, b), daß 2 Selaïm
über oder nahe an 2000 Perutot seien, während sie in Wahrheit nur
1536 sind, erklärt dort der Talmud sehr gezwungen daraus, daß „nahe
an 2000" gesagt sei, weil die Summe die Hälfte des zweiten Tausends
überstieg; ich glaube vielmehr, daß der Sprecher zu berechnen unter-
ließ, wieviel Perutot in 2 Selaïm seien, und dies bloß flüchtig ab-
schätzte, hierbei aber stark fehlgriff.

6

Lepta für 1 Quadrans erklärt seien, vielmehr darin gesagt ist: „welche Münze (das einfache Lepton) ein Quadrans ist", was der Ausdruck wohl verstattet. Das Wort λεπτόν (sc. νόμισμα) bedeutet bloß eine kleine Münze, und wurde offenbar nur für die kleinste grade cursirende Münze gebraucht; wir sahen aber schon vorhin aus Matth. 5, 26, daß dies damals wohl der Quadrans war, nicht die Peruta, welche aus dem Verkehr geschwunden und nur noch ideell gebraucht worden zu sein scheine. Hesychius' Angabe, daß 6000 Lepta im Talanton (einer Goldmünze) seien, ist um so weniger zu gebrauchen, als er das Lepton bald für einen Quadrans, bald für einen halben Quadrans, und bald selbst für ein Assarion erklärt; Chrysostomus erklärt es gar für einen Obol (vgl. Du Cange).

§ 25.

Die Wajikra-rabba K. 37 erwähnte Münze Fulas ist natürlich der römische Follis, sowie das Fular Pea jer. 1, 1. Bereschit-rabba K. 35 und 49 der römische Follaris. Nach Hultsch S. 250 u. w. hat Diokletian zwei Kupfermünzen eingeführt, eine von ungefähr 10 Gramm und eine kleinere von $2\frac{1}{2}$—2 Gramm: auf die größere sei die Benennung Follis übergegangen, welche dem „Beutel" Goldes, Silbers und Kupfers gegeben war. Auf das römische Pfund Kupfer von fast $327\frac{1}{7}$ Gramm wären hiernach an $32\frac{3}{4}$ Folles gegangen; und da nach dem Cod. Just. 10, 29, 1 20 Pfund Kupfer mit einem Solidus abgelöst wurden, so entsprachen diesem 655 Folles; der Solidus aber war gleich 16 Denaren, wenn Gold zu Silber wie 12 : 1 angenommen wird, und es hätten hiernach dem Denar $40\frac{15}{16}$ Folles entsprochen. Ganz dasselbe Resultat liefert folgende Berechnung: Hesychius s. v. φύλλις sagt, der Follis als Beutel Kupfergeld betrage $312\frac{1}{2}$ Pfund oder in Silber das Gewicht von 250 Denaren, da jeder Denar $1\frac{1}{4}$ Pfund Kupfer entspreche; auch in einem Fragment bei Gronovius de Sestertiis p. 199 sind dem Follis 250 (ςν') Denare zugeschrieben. Waren aber im Pfunde Kupfer an $32\frac{3}{4}$ Folles nach Obigem, so entsprachen $312\frac{1}{2}$ mal $32\frac{3}{4}$ oder $10,234\frac{3}{8}$ Folles 250

Denaren d. h. $40\frac{15}{16}$ dem Denar. Indessen glaube ich nicht, daß man für die Folles ein so gar nicht rundes Normalgewicht von $32\frac{1}{4}$ auf das Pfund gewählt habe; und nehmen wir dafür das von 32 auf das Pfund an, wonach der Follis freilich hätte $10\frac{15}{16}$ Gramm wiegen müssen, was aber sein Effektivgewicht von „unge=fähr 10 Gramm" sehr wohl verstattet, so galten (nach Hesychius' Gleichung von $1\frac{1}{4}$ Pfund Folles $= 1$ Denar) nur 40 Folles einen Denar, wozu ganz trefflich paßt, daß der Beutel Folles $312\frac{1}{2}$ Pfund 'enthalten haben soll, und daß gewöhnlich zu 1000 Folles gerechnet wurde: denn zu 40 Folles den Denar berechnet, waren die 1000 Folles 25 Denar oder grade ein aureus, und 32 Folles auf das Pfund gerechnet, enthielt der Beutel von $312\frac{1}{2}$ Pfund grade 10,000 Folles, welche 250 Denare oder 1000 Sestertien, also grade einen großen Sestertius betrugen. Der Follis war hiernach $\frac{1}{10}$ Sestertius,[*]) und follaris möchte wohl bloß von follis (Beu=tel) gebildet sein, um für die Münze auch ein eigenes Wort zu haben. Daß nach Zunz S. 547 Parchi im 14. Jahrhundert dem Dirhem 64 kupferne Folus, und Makrizi dem ägyptischen Dirhem 48 Folus zuschreibt, gehet jene viel ältere Zeit nichts an. — Nun werden uns aber von Anderen für den Follis bedeutend größere Werthe angegeben. So waren nach Prokopius' hist. arcana p. 140 von den Obolen, welche man φόλεις nannte, vordem 210 einem Goldstater gleich. Nehmen wir den gemeinten Goldstater für den Golddenar und zu 25 Denaren an, so war diese Pholis $\frac{5}{42}$ Danka; und merkwürdig ist, daß auch bei den Arabern der Danka fals (im Plural fulus) hieß und nach S. 9 $\frac{1}{70}$ des römischen Denars betrug, was von $\frac{5}{42}$ Danka nur um $\frac{1}{70}$ differirt. Nach L. 3 Cod. Theod. de pistoribus aber waren 500 Folles 1 Pfund Silber, wonach der Follis gar über $\frac{5}{6}$ Danka gewesen wäre. Das müssen Silber=Folles gewesen sein, wie denn

---

[*]) Bekannt ist mir, daß mehrfach 24 Folles auf das miliareuse gerechnet sind, welches ungefähr $1\frac{1}{2}$ Denar werth war, und daß hier=nach schon 18 Folles ein Denar gewesen wären: allein ich kann darum nicht die obige Berechnung verwerfen.

zur Unterscheidung die Araber den kupfernen fals achmar (rothen Fals) nannten. Da nun φολίς Schuppe bedeutet, und B. mezia 47, b R. Jochanan ἄσημον (ungeprägtes Geld) durch dieses fulssa erklärt*): so vermuthe ich, daß man zuweilen, um sich Mühe und Kosten zu ersparen, ohne Prägung bloß runde Silber- und Kupfer-plättchen schlug, welche wegen ihrer Dünne „Schuppen" genannt wur-den; schon Hippokrates erwähnt eine φολὶς τοῦ χαλκοῦ, und es mö-gen also zu ihrer Benennung beide Wörter, das griechische φολὶς und das lateinische follis, concurrirt haben. Nach B. mezia 46, a sollen ohne Gepräge auch die prótetót gewesen sein, welches Wort aus prótretót contrahirt sein und „Scheidemünze" bedeutet haben möchte.

Dagegen kann ich nicht herausbringen, welche Münzen unter den איסנונתיסין Maaser-scheni jer. 5, 4, der לימוד Aboda-sara 34, b und dem מלוחא von Tiberias wie von Sepphoris Berachot 53, b verstanden wurden. Lumo ist auch im syrischen Lexicon aufgeführt, jedoch mit der unbrauchbaren Erklärung: dena-rius, quadrans; und nicht besser hält Zuckermann das Wort für contrahirt aus dem lateinischen lamina (Metallplättchen), noch unzutreffender aber verweist er auf limin oder limon in Tosifta Demaj K. 3, wo dieses ein Maß für trockene Dinge bezeichnet. Sollte es aus λούειν (baden) gebildet sein und ursprünglich den Badepfennig bedeutet haben, welcher bei den Römern einen Quadrans betrug? Jenes melusma hält Derselbe für μέλισμα, dem er die Bedeutung „Gepräge" aufzwingt! eher noch möchte ich darin das lateinische millesima erblicken, und dieses für eine Nebenform von miliarense halten, welches davon bekanntlich benannt wurde, daß es dem 1000. Theil des Goldpfundes entsprechen sollte.

Kolbon (κόλλυβον) kommt Schekalim 1, 7 und sonst nur noch in der Bedeutung Agio vor, doch war es ursprünglich eine

---

*) Allerdings wird Schabbat 65, a auch dem fulssa eine „zura" zugeschrieben: diese Plättchen mochten bald geprägt sein, bald nicht. Daß aber schon R. Jochanan sie gekannt haben kann, ist nicht bloß aus dem Obigen klar, sondern auch danach, daß bereits Lampridius im Leben des Heliogabal der kupfernen Folles gedenkt.

kupferne Scheidemünze in Athen, die Hälfte oder gar nur der vierte
Theil des Chalkus.

§. 26.

B. mezia 46, b haben Denare die Beinamen אנקא ואניגרא,
und für den ersteren hat Raschi אניקון, für beide der Aruch ניאקא
ואנגרא gelesen; die eine Gattung bezeichne regierungsseitig für un-
giltig erklärte, die andere solche Denare, welche bloß in einer Pro-
vinz nicht gelten. Zuckermann S. 34 will in der zweiten Gattung
Denare des Pescennius Niger erblicken, die wohl nur in den-
jenigen Provinzen gegolten hätten, welche ihn selbst anerkannten:
eine um so seltsamere Erklärung, als dieser Niger nur 1 Jahr
Kaiser war. Mir scheint das zweite Wort ἀνάγορος (nicht für den
Markt brauchbar) zu sein; und möglich wäre, daß das erstere von
iniquus herkäme, da iniquum pondus für zu großes und zu
kleines Gewicht vorkommt.

Die Ausdrücke B. kamma 97, b, eine Münze sei vergrößert worden wie נפיא und selbst wie תרטיא, kommen in umge-
kehrter Ordnung, nur ohne Jod im letzteren Worte, auch Chullin
124, a vor, sind mir aber in beiden Stellen unerklärlich, obwohl
nahe liegt, daß in dem zweiten das lateinische tertia oder wie
Beza 29, a τρίτη steckt; für das erstere wäre vielleicht Aufschluß
aus den Worten capita aut navia zu holen, welche nach Ma-
krobius Saturn. 1, 7 l in einem römischen Knabenspiel gerufen
wurden, indem man Denare in die Höhe warf: doch wollte mir
dies nicht gelingen.

Maaser-scheni jer. 1, 1 ist gesagt, man dürfe den zweiten Zehnten nicht auslösen auf Geld, welches dem Olearius (Bade-
diener) gegeben wird, jedoch bloß nicht zu dem Werthe, den es bei
Diesem habe, wohl aber zu dem Werthe desselben bei dem תורטסר
Mit Recht wohl erklärt nach B. mezia 47, b Zuckermann es von
Bademarken, ist aber nicht darauf eingegangen, wieso den Marken
ein anderer Werth bei dem „Turmessar" zugeschrieben werden konnte,
und hat auch sicherlich mit Unrecht diesem Worte ebenfalls die Be-

deutung „Babbesitzer" (von θερμά, Warmbad) vindicirt. Ebenso in den dortigen Worten des Jeruschalmi etwas später: auf Geld von דיסנים dürfe man zu dem Werthe desselben bei dem Turmessar den zweiten Zehnt auslösen, hat zwar Zuckermann diesen Ausdruck gewiß richtig von duo oder δι und signum abgeleitet; aber seine Erklärung, es möge darauf außer dem Werthzeichen noch ein zweites Zeichen als Marke für den Turmessar gewesen sein, laborirt daran, daß wie gesagt Turmessar schwerlich ebenfalls einen Babbesitzer bezeichnet. Ich dagegen constatire zuvörderst aus Tosifta Maaser-scheni K. 1, daß zu Babemarken „kleine Perutot" genommen wurden, die also wenigstens als Kupfer einigen Werth hatten; aber natürlich konnten sie nicht den vollen Geldwerth haben, welchen sie repräsentirten, sonst wären sie nicht Marken gewesen. Unter dem Gelde „von 2 signis" sind dagegen wohl die sogenannten nummi recusi zu verstehen, so mangelhaft umgeprägte, daß man das vorige Gepräge noch genau erkennt: sie mochten nicht für voll gelten, mußten aber einen gewissen Cours oder wenigstens den Werth ihres Metallgehaltes haben. Wenn nun von diesen nummis recusis wie von jenen kupfernen Babemarken gesagt werden konnte „zu ihrem Werthe bei dem Turmessar", so behält Buxtorf Recht, unter diesem einen Wechsler zu verstehen, wenn auch das Wort noch nicht etymologisch erklärt ist; doch wäre nicht unmöglich, daß von dem schon gehabten tremissis der Wechsler tremissa-rius genannt worden ist, gleichwie ihn die Griechen λιτροσκόπος (eig. Litraprüfer) und die Araber fallâs (von fals, Follis) nannten.

§ 27.

Durchweg werden im Talmud 100 Denare oder 25 Selaim auf ein maneh (eine Mine) gerechnet, gleichwie der attischen Mine immer noch 100 Drachmen zugeschrieben wurden, obwohl sie jetzt dem römischen Pfunde gleich war und also nur 96 Denar-drachmen enthielt. Schebiit 1, 2. 3 ist diese Mine, wenn auch nicht in Beziehung auf Geld, sondern als Gewicht, die italische (manch b'Italiké) genannt; man scheint dessen bewußt geblieben zu sein, daß die tyrische, als solche Bechorot 8, 6 und Aboda-sara 11, a erwähnt, eigentlich etwas schwerer war. Böckh redet S. 299 von drei italischen Minen: die von 100 (96) Denaren sei die gewöhnlichste gewesen, doch erwähne Galen und der Scholiast des Nilander*eine von 144, und es komme selbst eine von 160 Denaren vor (eig. von 40 Stateren bei Galen). Die letzte ist Chullin 138, a und in etwas corrumpirten Worten auch Tosifta Kelim II. 6 erwähnt.

Das biblische Wort kickar, welches Jonatan ben Usiel und Onkelos für das altjüdische Talent beibehielten, wurde in die talmu= dische Zeit hinein auch zur Bezeichnung von jederlei Talent gebraucht; doch fand allmälig das Wort kentar Eingang, vergl. Synhedrin jer. 1. Jonatan zu 2 Mof. 38, 24 — 29. Wajikra-rabba K. 28. Natürlich ist dieses aus centenarium gebildet, welches 100 römische Pfund bezeichnete, und Jonatan zu 2 Mof. 38, 27 hat diese vollere Form kentenar. Die Römer rechneten zwar häufig wie die Griechen nach Talenten von 60 Minen, also von 80 Pfund früher, jetzt von 60: doch schon Plautus kennt das centupondium, und Citate bei Du Cange s. v. talentum zeigen, daß selbst unter talentum später das 100 pfündige ver= standen wurde. Nach Böckh S. 437 enthielt es 60 Minen von je 1⅓ römischen Pfunden: mir scheint, daß ursprünglich dieses Centu= pondium wegen der runden Zahl gebildet wurde, später aber die 9600 Denare, welche es enthielt, wieder zuweilen, der Ueblichkeit wegen, auf 60 Minen vertheilt wurden, und so die erwähnte Mine von 160 Denaren entstand. (Jene von 144 Denaren möchte daraus entstanden sein, daß es nach Kleopatra (vergl. oben S. 39) ptolemäische Minen von 18 Unzen, also von 1½ Pfund gab: denn fand diese Mine in Italien Eingang, so waren ihr 1½ mal 96 d. i. 144 Denare zuzuschreiben.) — Etwas seltsam klingt Synhedrin jer. 1 die Ungewißheit, ob man den Kentar zu 100 oder zu 60 Litren berechnen solle; doch erklärt sie sich daraus, daß Kentar allmälig die allgemeinere Bedeutung Talent erhalten hatte. Die Nachricht Bechorot 50, a. B. mezia 87, a, daß an manchen Orten der Schekel Kentar heiße, läßt vermuthen, daß mancher Orten aus dem Centenario nur 1500 Selaim (Tetrabrachmen) wie aus dem griechischen Talent geprägt wurden, die also $6\frac{2}{3}$ Denar werth waren. Eine schwierige Aeußerung des R. Chanina Bechorot 50, a wurde theilweise uns S. 14 hieraus verständlich.

II.

Das Gewicht der Jbräer resp. Juden bis zum Schluſſe des Talmuds

hat ſchon in der erſten Abhandelung ſo eingehend miterörtert werden müſſen, daß es ſich nunmehr in einem kurzen Anhange beſprechen läßt.

§ 1.

Vor dem Exil, als das Geld bloß nach dem Gewichte berechnet und benannt wurde, war ohne Zweifel das Geldgewicht zugleich das für alle übrigen Dinge, welche gewogen wurden. Das Kleingewicht war der Schekel, ungefähr von 96 Gran oder 0,₃ Neuloth nach Obigem, nebſt paſſenden Vervielfältigungen deſſelben, wie nach S. 27 u. w. Jechesfel Gewichtſtücke von 50, 25, 10 und 5 Schekel anempfahl, vermuthlich mit Rückſicht auf das Mittelgewicht, den Manch von 100 Schekel (an 30,₆ Neuloth), in welchen ſie aufgehen ſollten; das größte Gewicht, der Kikar von 30 Minen, betrug an 30,₅₇ Zollpfund.

Ebenſo war bei den Babyloniern und bei allen Griechen, vermuthlich auch bei den Perſern, das allgemeine Gewicht unzertrennlich von der Weiſe ihrer Geldberechnungen, und wo die Juden dieſe annahmen, nahmen ſie zugleich jenes mit auf. Bei den Babyloniern waren Schekel und Mine ganz gleich den altibräiſchen, doch ihr Talent betrug grade das Doppelte, 60 Minen oder an 61,₁₄ Zollpfund. — Der einfache Silberdareifus von 102¾ Gran war nur ₁/₄ ſchwerer als der babyloniſch-ibräiſche Schekel; und wenn auch die Perſer 100 derſelben zu einer Mine,

60 Minen zum Talent zusammengefaßt haben, so wog jene an 32,7 Loth und dieses fast 65½ Pfund. — Die attische Drachme, von Alexander dem Großen und den Seleuciden adoptirt, wog normal 82,2 Gran, sank aber langsam hiervon herab; dagegen die Ptolemäer hatten Drachmen von 65,6 Gran und von grade doppeltem Gewicht: von diesen allen ist das Gewicht der Mine und des Talents leicht zu berechnen. Später soll man in Aegypten noch zweierlei Minen gehabt haben, von 20 und von 18 römischen Unzen, vgl. oben S. 39. — Ein hervorragendes Ansehen besaß aber in Judäa das tyrische Gewicht, weil in der oben angegebenen Weise die Meinung sich festgesetzt hatte, daß es das mosaische sei. Die tyrische Drachme wog normal 68½ Gran, also kaum 0,22 Loth, und die in der talmudischen Literatur öfter erwähnte tyrische Mine an 21,8 Loth. — Vermöge einer unstatthaften Exegese, die S. 21 mitgetheilt wurde, gelangte man auch in jener Zeit zu einer „jüdischen" Mine von 60 Selaim oder 240 tyrischen Drachmen; und weil man diese nachmals ganz den römischen Denaren gleich erachtete, so wurde besagte Mine zu 2¼ römischen Pfund berechnet; sie kann bloß zum Gewicht gedient haben.

Bei den Römern aber, obwohl natürlich auch sie jederlei Geld in bestimmtem Gewichte ausmünzten, war doch das Gewichtssystem ein selbstständiges, und aus ihrem Pfunde Silber wie Gold wurden zu verschiedenen Zeiten Denare und Goldstücke abweichender Anzahl geprägt, während jede griechische Mine constant 100 Drachmen enthielt. Und dieses selbstständige römische Pfund von 6165 Gran oder etwa 19,64 Neuloth, pondo und libra geheißen, nahmen die Juden an, nannten es aber bis über die Zeiten der Mischna herab Mine oder italische Mine (vgl. „maneh b'Italiké" Schebiit 1, 2. 3), sowie litra, doch findet diese Benennung sich erst später bei ihnen.

§ 2.

Die Litra erheischt jedoch noch eine Erörterung. Die Sicilier hatten eine Silbermünze dieses Namens, welche einen äginäischen

Obol galt, berechneten aber auch ihr Talent zu 120 Litren, indem diese nach Böckh soviel wogen, als nach einem conventionellen Ver=hältnisse von Silber zu Kupfer auf eine Silberlitra Kupfer kam; jedenfalls enthielt ihre Mine 2 Litren, und auch Hesychius giebt der Mine diese. Die Litra ungefähr einer halben Mine gleichge=stellt finde ich übrigens selbst noch in der Angabe des Armeniers Anania, daß der Kankar von 10000 Dahekan oder Denaren 138 Litren enthalte. Denn an sich schon ist wahrscheinlich, daß er arabische Dirhem gemeint hat; noch wahrscheinlicher aber wird mir dies durch ein Citat in Fürst's Geschichte des Karäerthums S. 160, daß Binjamin Nahawendi (um 800) den Kikar zu 10000 Scheschbang (Sechs=Danka) annahm. Nun waren nach Maimuni 3 Dirhem 2 römische Denare, also 10000 Dirhem 6666⅔ Denare, und betrugen diese 138 Litren, so kamen auf die Litra an 48⅓ römische Denare. Vermuthlich sogar rührt die kleine Differenz bloß daher, daß sowohl die Berechnung des Kankar zu 138 Litren als auch die Gleichstellung von 3 Dirhem mit 2 Denaren aus Liebe zu ganzen Zahlen nicht völlig genau war.*) — Eine andere Be=rechnung der Litra liegt vielleicht darin, daß in einer Erzählung Pollux 8 Minen angiebt, wo Herodor 20 Litren hat (vgl. Böckh S. 294).

Allein Terumot jer. 10, 7 sind der Litra 100 Sin zu=geschrieben, und wir haben S. 60 gesehen, daß 100 Sus gemeint sind. Ebenso stehet Synhedrin jer. 1 am Ende Litrin für Minen; und das Tartimar von Synhedrin 8, 2 ist im Jeru=schalmi dazu durch ½ Litra, im Babli 70, a durch ½ Mine erklärt. Daß Josephus' Angabe ant. 14, 7, 1, die ibräische Mine habe 2½ Litren betragen, hierzu ebenfalls stimmt, haben wir schon S. 21

---

*) Anania's Zusatz, daß die 138 Litren 9936 Dank betrügen, und der Dank ⅛ Unze sei, zeigt uns, daß auch diese kleinen Litren in 12 Unzen getheilt wurden. Seine Angabe vorher, das Taland (wie in der armenischen Bibelübersetzung für kikar stehet) betrage 125 Litren oder 1500 Unzen oder 6000 Schekel — wollte ich nicht vorenthalten, verstehe sie aber nicht.

gesehen. Ferner zeigt Böckh S. 293—299 aus Profanscribenten mehrfach, daß schon im ersten Jahrhundert Litra und libra oder Mine gleich waren; ich finde sogar bereits bei Polybius 22, 26, 19 Litra für das römische Pfund; und Cavedoni erwähnt 1, 103 aus dem Kircher'schen Museum ein 2 pfündiges Probegewicht in Blei mit der Aufschrift δίλειτρον ἰταλικον. Nach dem allen haben wir sicher anzunehmen, daß in der talmudischen Literatur die Litra ein römisches Pfund oder die ihm gleiche „italische" Mine von 19,64 Neuloth bezeichnet; zwischen Römisch und Italisch darf hierbei nicht unterschieden werden, nach Böckh S. 372 war „italische und römische Litra den Metrologen der Kaiserzeit einerlei", und das aus Cavedoni beigebrachte Citat bestätigt dies. (Maimuni jedoch, obwohl er zu Terumot 10, 8 richtig die Litra zu 100 Sus berechnet, giebt ihr h. Erubin 1, 12 und h. Matnot anijim 6, 8 gar nur das Gewicht von 35 Denaren, was daher zu kommen scheint, daß er dort zwar mit Recht sie nach Terumot jer. 10, 7 einem halben Log gleichstellt, aber über die Größe des Log Ansichten folgt, die in unseren späteren Untersuchungen über die jüdischen Maße sich nicht bewähren werden.) — Aus der Notiz Pea jer. 7, 4: „einst wog die Nachlese 7 Litren in Sepphoris" ist schwerlich mit Zuckermann zu deduciren, daß dort die Litra leichter war:

Halbe und Viertel=Litren sind B. batra 89, a erwähnt, ⅓ Litra im Sifré Ki-tsézé 294, sowie alle drei Tosifta Kelim II. 2. Nach Schebuot 6, 3 wurden Gold und Silber, nach Terumot 4, 10 gedörrte Feigen, nach Ketubot jer. 6, 7 Wolle, nach Aboda-sara jer. 1, 4 Pfeffer, nach Chullin 84, a auch Kraut, Fisch und Fleisch mit der Litra gewogen.

§ 3.

Pea jer. 8, 5 zu der Mischnaangabe, daß man dem Armen einen Maneh gedörrter Feigen geben solle, sagt R. Mana: tanja arba litrin, wonach, im Widerspruch mit unserem obigen Resultate, es scheinen könnte, daß die Mine 4 Litren gewesen wäre.

Allein Ketubot jer. 5, 10 zu der Mischnabestimmung, daß
auch der sequestrirten Ehefrau unter Anderem ein Maneh gedörrter
Feigen zu liefern sei, sagt derselbe R. Mana: maneh wearba
ritlin; und da er doch wohl nicht die Mischna bestreiten wollte,
so glaube ich, 1) daß in der zweiten Stelle maneh arba ritlin,
ohne Waw vor arba wie in der ersten, und 2) daß auch in der
ersten ritlin zu lesen ist. Hiernach hätte R. Mana die Mine
4 Ritlen gleichgestellt. Die Meinung von Zuckermann S. 8, der
Ritl sei eine kleine Kupfermünze gewesen, deren Namen von ruti-
lus (röthlich) herkomme, ist zu seltsam, um widerlegt werden zu
müssen. Der Ritl, Ratl, Rotl war vielmehr ein vorderasiatisches
Gewicht, von verschiedener Schwere. Bar-Ali giebt die Litra selbst
durch Ratl; und daß der Kamus das arabische man für 2 Ratl
erklärt, erinnert stark an die gehabte Gleichstellung der Mine mit
2 Litren. Nun soll jedoch nach Freytag der Ratl bei den Syrern
ein Pfund von 12 Unzen oder 480 Dirhem, in Bagdad aber
gleich 128¾ Dirhem gewesen sein. Wirkliche Dirhem können da
nicht gemeint sein, denn selbst die kleinsten von diesen (z. B. der
ägyptische in Maimuni's Zeit, deren 1½ einem alten Denar ent=
sprachen, vgl. dessen h. Biccurim 6, 15) waren viel schwerer,
als daß erst ihrer 40 eine Unze gewogen haben könnten. Ver=
muthlich sind bloß Maot gemeint, wie wir S. 66 sahen, daß
Maimuni diese zuweilen Dirhem und oft Darkemon nennt. Und
wirklich finde ich bei Freytag s. v. ukiah, die Unze gebe der
Kamus zu 7 Mithkal oder 40 Dirhem an; in Spanien habe nach
Makrizi im 6. Jahrhundert die Unze 1⅐ Stateren von je 4½ Mith=
kal (also 6⅞ Mithkal) betragen; die Unze Silber enthalte 40 Danek,
im Irak von Bagdad aber sei sie 10½ Drachmen. Wir ersehen
hieraus 1) gradezu, daß der Unze nur 40 Danek (d. i. Maa) zu=
geschrieben wurden; 2) daß auch die 40 Dirhem des Kamus schon
deshalb nur Daneks sein können, weil er sie 7 Mithkal gleichstellt,
welche zusammen nur etwa 10 wirkliche Dirhem wogen; 3) woher
es gekommen, daß der Ratl von Bagdad sich zu dem syrischen wie
128¾ : 480 verhalten: offenbar nämlich sollte er nur 3 Unzen

(¼ des syrischen), jedoch 3 Unzen von Bagdad betragen, die um dieses Wenige schwerer gewesen sein mögen, denn während die syrische Unze nur 40 Danek wog, welche Kamus (etwas ungenau) 7 Mithkal gleichstellt, wurde die Unze von Bagdad zu 10½ Dirhem oder 7 7/10 Mithkal berechnet. Es ergiebt sich aus dieser Erörterung, daß der Ratl von Bagdad 3 Bagdader Unzen wog; und folgern wir daraus, daß es einst werde Ratls von 3 richtigen römischen Unzen gegeben haben, so waren diese ganz die des R. Mana. Noch sei erwähnt, daß Josippon einen Ratl von 60 Unzen kennt (vgl. Zunz S. 549), und daß gleich ihm noch jetzt der Rotl von Haleb 5 Pfund beträgt: sollte vielleicht dieser große Ratl daraus hervorgebildet sein, daß man die 480 Dirhem des syrischen Ratl irrthümlich auf römische Denare bezog? 480 von diesen (5 mal 96) wogen grade 5 römische Pfund; doch kann das meinen obigen Beweis, daß in Wahrheit 480 Máot gemeint sein müssen, nicht erschüttern.

§ 4.

Nach Synhedrin 8, 2 galt ein Knabe für einen „Schlemmer", wenn er ein Tartimar Fleisch aß und ½ Log Wein trank; nach R. Jose erst bei einem Maneh Fleisch und einem Log Wein: und in Tartimar erblickt Buxtorf das Wort τριτημοριον (Dritttheil). Nach dem Jeruschalmi hierzu hätte zwar R. Jose es für ½ Litra erklärt: doch wäre sehr auffallend, daß Dieser einen Ausdruck seines Gegners erklärte; und wirklich ist es Synhedrin 70, a vielmehr erst R. Sera, welcher aus R. Jose's Votum ohne hinlängliche Berechtigung deducirt, daß das Tartimar ¼ Mine sei. Ich halte es für ⅓ Litra; wir sahen S. 92, daß eine Dreitheilung der Litra so üblich wie Hälften und Viertel derselben war; doch wäre auch nicht unmöglich, daß es nur ¼ Litra war, da nach Pollux 9, 65 die Münze Tetartemorion zuweilen abgekürzt Tartemorion genannt wurde. Zuckermann freilich findet es auffallend, daß ein Knabe wegen einer so geringen Portion gesteinigt werden solle, und will daher Tartimar für eine Münze halten; und wirklich gab es eine griechische Münze von 6 Chalkus (also von ¾ Obol), welche Tritemorion hieß. Allein 1) fehlte dann vor tartimar das Bet; 2) wäre seltsam, daß bei dem Fleische der Preis, bei dem Weine das Maß angegeben sei, zumal da R. Jose auch vom Fleische das Gewicht angiebt; 3) ließe sich eben so auffallend finden, daß ein Knabe schon wegen eines halben Log Weines gesteinigt werden solle (nach herkömmlicher Annahme hatte das halbe Log das Volumen von 3 Hühnereiern). Es ist vielmehr daraus zu erklären, daß im jüdischen Alterthum Fleisch und Wein selbst von Erwachsenen sehr selten genossen wurden, und daß ein Knabe, welcher gegen den Willen der Eltern dies verzehrt und auch sonst „widerspenstig" ist, eine schlimme Zukunft ahnen ließe, wie denn ein Solcher bekanntlich „nur des Endes wegen gerichtet werden sollte".

Zu den kleinsten Gewichten verwandte man in der talmudischen Zeit wie bei den Römern die Denare, vergl. Schabbat 110, a. Aboda-sara 11, b; man kannte aber auch nach Schekalim jer. 2, 3 das Gramma, von welchen 3 auf den Denar kamen.

Das Gewicht sehr schwerer Dinge oder von Massen in Talenten angegeben ist mir in der talmudischen Literatur nur da vorgekommen, wo biblische Angaben dieser Art zu besprechen waren, und dann ist die Benennung kikkar beibehalten worden; für das gewöhnliche Leben mag man auch sehr große Pfundzahlen ohne Reduction auf Talente irgendwelcher Art gelassen haben, gleichwie die Römer meistens thaten. Erst spät scheint das römische Centenarium als Kentar Eingang gefunden zu haben; es wog nicht voll 65½ Zollpfund.

Druck von Oscar Leiner in Leipzig.

Im Verlage von **Carl Willferodt** in **Leipzig** erschienen ferner:

Abriß der Münz-, Maaß- und Gewichtskunde nach den neuesten Quellen zusammengestellt. Ein praktisches Handbuch zum Gebrauch im Geschäfts=leben. Separat=Abdruck aus **Wehmer** und **Schiebler's Taschen=buch für Kaufleute.** 3. Aufl. 12. Geh. . . Preis 6 Ngr.
Ein praktischer Rathgeber für jeden Geschäftsmann.

Brandt, (Oberlehrer an der Realschule zu Erfurt). **Theoretisch=praktisches Lehrbuch** des Rechnens, enthaltend alle im bürgerlichen und kaufmännischem Verkehr vorkommenden Rechnungen. Mit Anwendung der Münz=, Maaß und Gewichts=Verhältnisse **aller** deutschen Staaten. Zum Gebrauch für Lehrer und Lernende. Gr. 8. Geh. Preis 9 Ngr.
— Auflösungen dazu. Gr. 8. Geh. . . . . . Preis 3 Ngr.

Bisch, (Adolph). Die Organisation und Buchführung des Eisengießerei= und Maschinenbau=Betriebes. Nebst einem Anhange der wichtigsten Hilfs=tabellen zur Berechnung der beim Gießerei= und Maschinenbau=Betriebe vorkommenden Gegenstände. Gr. S. Geh. Preis 1 Thlr. 5 Ngr.

Ladenregeln für Detaillisten in Materialwaarenhandlungen. Eine Tabelle in 50 Paragraphen zum Aufhängen in Materialwaaren=Handlungen. Fol. Preis 3 Ngr.

Lielitz, (Wilh.) Elementarbuch für den ersten Unterricht in der französischen Sprache zum Schul= und Privatgebrauche. S. Geh. Preis 15 Ngr.

Langemann, (Ludwig). Der wechselseitige Unterricht (nicht Bell=Lancaster'sche Methode) die Vollendung des Elementarunterrichts. Mit besonderer An=wendung auf den Sprach= und Rechenunterricht. Gr. S. Geh.
Preis 15 Ngr.

Wehmer und **Schiebler's Taschenbuch für Kaufleute.** Dritte ver=mehrte Auflage. 12. Cart. . . . . Preis 15 Ngr.

Im Verlage von **Carl Willferodt** in Leipzig erschienen ferner:

Friedländer, Dr. Salom., Erinnerung und Hoffnung. Zwei Neujahrs-
predigten. Gr. 8. Geh. . . . . Preis 6 Ngr.

Friedländer, Dr. Salom., Mein Verhältniß zur Reformgenossenschaft und
mein Abgang von Berlin. Zur Charakteristik der neuesten Bestrebungen.
Gr. 8. Geh. . . . . Preis 7½ Ngr.

Gesetz vom 23. Juli 1847, betreffend die Verhältnisse der Juden in den
Königlich Preußischen Staaten. Gr. 8. Geh. . . . Preis 2 Ngr.

Herzfeld, Dr. L., Drei Abhandlungen zur Synagogengeschichte. 1. Ueber
einige biblische Bücher: über Kohelet, die Chronik, den Psalter, Sirach
und das Buch der Weisheit. 2. Ueber die Entstehung der Quadratschrift. Mit einer paläographischen Tafel. 3. Ueber die Entstehung
des biblischen Kanons. Gr. 8. Geh. . . . . Preis 7½ Ngr.
(Ein Abdruck aus der Geschichte des Volkes Israel.)

Herzfeld, Dr. L., Geschichte des Volkes Jisrael von Vollendung des zweiten
Tempels bis zur Einsetzung des Maccabäers Schimon zum hohen Priester
und Fürsten. Zweite mit zahlreichen Zusätzen vermehrte Ausgabe. 2 Bände
gr. 8. Mit einer paläographischen Tafel. Geh. Preis 3 Thlr. 22 Ngr.
Ein für Geschichts- und Bibelforscher aller Confessionen wichtiges Werk.
Die glänzendsten Recensionen der angesehendsten kritischen Zeitschriften
Deutschlands, Englands, Frankreichs liegen über dieses Werk, welches
18 Jahre mühevoller Arbeit beanspruchte, vor.

Herzfeld, Dr. L., Predigten. Gr. 8. Geh. . . . . . Preis 1 Thlr.

Herzfeld, Dr. L., Die religiöse Reform, besprochen in einer Predigt am
Sabbat כי תבא (den 13. September 1862) in der neuen Synagoge zu
Nordhausen, den Tag nach ihrer Einweihung. 8. Geh. Preis 3 Ngr.

Herzfeld, Dr. L., מנחת זכרון (Gabe für das Gedächtniß) zum Gebrauch
in jüdischen Religionsschulen. Gr. 8. Geh. . . . Preis 10 Ngr.
Inhalt: 1) ein Vocabularium zu den ibräischen Gebeten und Gebettheilen
eines ersten Cursus, mit einzelnen Textzugaben; 2) die meisten dieser Gebete
sammt Vocabularium dazu mit lateinischen Buchstaben umschrieben; 3) eine
Zeittafel der biblischen und übrigen jüdischen Geschichte bis zur Gegenwart
4) einen kurzen Abriß der Geographie von Palästina; 5) Einiges über die
wichtigsten der übrigen in der Bibel erwähnten Länder und Völker.

Liebmann, Herrn Julius Löwenberg's fliegendes Blatt an die Herren Philippson
und Sachs beleuchtet. Gr. 8. Geh. . . . . . Preis 5 Ngr.

Meisel, Dr., Die jüdische Synagoge und die freie christliche Gemeinde.
Eine Beleuchtung ihres Verhältnisses zu einander. Nebst gutachtlichen
Briefen vom Oberrabbiner Dr. Frankel in Dresden und vom Rabbinats-
assessor Dr. M. Sachs in Berlin. Zweite Auflage. Gr. 8. Geh.
Preis 5 Ngr.

Druck von Oscar Leiner in Leipzig.